今日からはじめる

刺しゅうのキホン

成美堂出版

世界中で親しまれている刺しゅうには、たくさんの種類があります。
今回はその中から、人気のフランス刺しゅう、スタンプワーク、クロスステッチ、
リボン刺しゅう、ビーズ刺しゅうをご紹介します。

針に糸を通して布に絵を描けば、もうそれが刺しゅうです。

いきなり、きれいに刺せなくても大丈夫。
自分で刺したステッチなら、少しゆがんでいても愛おしく、味わいのひとつに。
刺しゅうはちょっとした魔法みたいなもの。
シンプルなアイテムも、刺しゅうをプラスするだけで表情が変わり、
世界にひとつだけの"とっておき"に変身させてくれます。

気に入った図案を見つけたら、ちくちくステッチをはじめましょう。
色を変えたり、いくつかの図案を組み合わせたりとアレンジは自由自在。
ひと針ごとに絵柄が完成していく過程もまた、楽しいひとときです。
身のまわりのものに、自分だけの印・家族の印をそっと添えて
刺しゅうのある暮らしを楽しんでください。

Embroidery

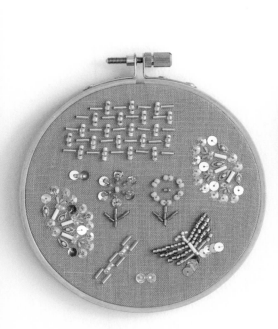

Bead embroidery

Ribbon embroidery

Cross stitch

Stumpwork

Contents

ステッチIndex

Chapter

1 刺しゅうのキホン

図案 >> P.168 デザイン・制作…こむらたのりこ

刺しゅう糸のキホン

25番刺しゅう糸が定番です

布に絵や模様を描いていく刺しゅうにおいて、大切なのが刺しゅう糸です。刺しゅう糸にはいくつもの種類があり、用途やステッチの種類などによって使い分けます。一般的に多く使われているのは25番刺しゅう糸。ほかにも5番、8番、タペストリーウールなどがあります。本書ではフランスのDMC社製の刺しゅう糸を使用。色番号はメーカーによって異なるので、購入するときは"どのメーカーの何番の糸か"を確認しましょう。

実物大

- 25番（6本どり）
- 5番
- 8番
- タペストリーウール

それぞれの刺しゅう糸の特徴

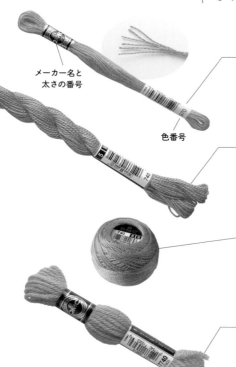

メーカー名と太さの番号

色番号

＼ 定番 ／

25番刺しゅう糸
6本の細い糸が撚り合わされて1束となっています。1本ずつ必要な本数を引き揃えて使い、細いステッチから太いステッチまで幅広く対応。綿100％。

5番刺しゅう糸
"コットンパール"とも呼ばれ、その名の通りパールのようなつやがある太めの糸。1本撚りで、糸を分けずにそのまま使います。

8番刺しゅう糸
5番より細く、同様に"コットンパール"と呼ばれ、そのまま1本の状態で使います。撚りが強く、毛羽立ちにくい加工がされています。

タペストリーウール
刺しゅう用に小巻きになったウール100％の毛糸。そのまま1本で使います。摩擦に弱いので、30〜40cmと短めで使用するのがおすすめ。

**ラベルは
大切に保管しましょう！**
ラベルには、色番号が記載されています。この番号は、同じ色の糸を買い足すときに必要となるので、なくさないように注意しましょう。
刺しゅう糸の保管方法は >> P.17

25番刺しゅう糸のバリエーション

ライトエフェクト糸
キラキラとした光沢がある、メタリックカラーのラメ糸。ポイント使いにおすすめです。ポリエステル100％。

カラーバリエーション糸
同系色や反対色の段染めで、1本にさまざまな色が並ぶ糸。刺しているうちに色が変化して表情豊かな仕上がりに。

提供…DMC

刺しゅう針のキホン

刺しゅうの種類、用途に適したものを選びます

実物大

刺しゅう用の針は、刺しゅう糸が通りやすいように、縫い針よりも針穴が縦長に大きくなっているのが特徴。針の太さと長さ、針穴の大きさ、針先の形状が異なるものが用途に合わせて豊富に揃っています。布や糸の太さに合わせて使いやすい針を選びましょう。

フランス刺しゅう針
先端が尖っている自由刺しゅう（P.10）用の針。「フランス刺しゅう針」は日本での呼び名で、海外での一般的な呼び方は「エンブロイダリー針」です。

クロスステッチ針
織り目を数えながら刺す、区限刺しゅう（P.10）用の針。織り糸を割らないように、先端が丸くなっています。

リボン刺しゅう針
先端が尖っていて、幅の広いリボンが通るように針穴がより長くなっているのが特徴。シェニール針ともいいます。タペストリーウールにも使用。

ビーズ刺しゅう針
ビーズの小さな穴に通るよう、より細くなっています。
＊本書では、ビーズ刺しゅうにフランス刺しゅう針を使用。

針先の形状は2種類
フランス刺しゅうなどの自由刺しゅうでは針先が尖っているタイプ（左）を。織り目を数えながら刺すクロスステッチでは丸みのあるタイプ（右／クロスステッチ針）を使います。

提供…クロバー

25番刺しゅう糸の場合の針の選び方

針の太さは数字（番数）で表わし、番数が大きくなるほど針は細く、短くなります。
針の種類、メーカーによって番数表記は異なります。

"取り合わせ"パックがおすすめ

数種類の番数の針がセットになっています。実際に刺してみて、刺しにくいと感じたら番数を変えて調節しましょう。

フランス刺しゅう針

クロバー

糸の本数	針の番数
6本以上	3番
5、6本	4番
4、5本	5番
3、4本	6番
2、3本	7番
1、2本	8番
1本	9番、10番

DMC

糸の本数	針の番数	
6本	1番	厚地
5本	3～5番	
4本	5番	
3本	5～7番	布の厚さ
2本	9番	
1本	10番	薄地

クロスステッチ針

クロバー

糸の本数	針の番数
6本以上	19番
6本	20番
5、6本	21番
3～5本	22番
2、3本	23番
1、2本	24番

DMC

糸の本数	針の番数
6本	22番
5本	22番
4本	24番
3本	24番
2本	24番、26番
1本	26番、28番

フランス刺しゅう針
No.3～9／クロバー

エンブロイダリー針
No.3～9／DMC

布のキホン

刺しゅうでは、土台となる布も大切です。刺しゅうの種類は「自由刺しゅう」と「区限刺しゅう」の2つの
グループに分けられ、刺しゅうの種類・用途に合う布を選びます。

自由刺しゅう
自由な線を描いたり、布に図案を写してステッチ
をする刺しゅう。

区限刺しゅう
布に図案を写すことなく、布の織り目を数えなが
ら、規則的なステッチをする刺しゅう。

＊刺しゅう専用の布の「コットンクロス」「エミークロス」「アイーダ」「リネン」は商品名で、メーカーによって名称は異なります。

```
フランス刺しゅう   スタンプワーク   リボン刺しゅう   ビーズ刺しゅう
```

自由刺しゅう向きの布

平織り（縦糸と横糸が1本ずつ交互に交差する織り方）のコットン地やリネン地などの自然素材で、伸縮性の少な
い布が刺しゅうに向いています。刺しゅう専用の布が刺しやすくておすすめですが、慣れてきたら色布や柄布
などのバリエーションが多い一般の布から適したものを探すと楽しみも広がります。

刺しゅう専用の布
布目のゆがみも裏表もなく、ハリがあるのが特徴。刺しゅう作品がより美しく映えるように織られています。水通しをしないで使用します。

フリーステッチ用
コットンクロス

エミークロス

一般の布

リネン地

柄布

コットン地

アップリケでは
フェルトを
使っています
>> 作品 P.82

```
クロスステッチ
```

区限刺しゅう向きの布

提供…DMC

針を入れる位置がわかりやすくなっ
ていたり、織り目が数えやすいクロ
スステッチ専用の布がおすすめで
す。水通しをしないで使用します。

アイーダ

リネン

```
知っておきたい
```

布の下準備

・折り筋やしわがある場合はアイロンをかけておきましょう。

・右写真のように、布端がほつれないように、しつけ糸などでかがって
　おきましょう。ざくざくと粗めでOK。ジグザグミシンでも構いません。

・一般の布を、ランチョンマットなどのような頻繁に洗濯するものに仕
　立てる場合は、布縮みを防ぐために水通しをしておきましょう。

水通しの方法
❶たっぷりの水に1時間以上布を浸し、洗濯機で軽く脱水をする。　❷ピンと布を張って陰干しをする。
❸半乾きの状態で、縦横の布目が直角になるようにアイロンで整える。

Chapter 1

道具のキホン

ステッチする

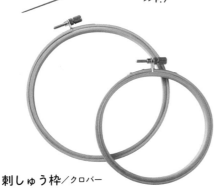

針／クロバー
>> P.9

糸切りばさみ／DMC
糸を切るときに。先が鋭く
細い糸がよく切れるものを。

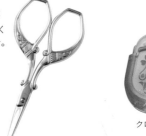

クロバー

DMC

刺しゅう枠／クロバー
布をピンと張って刺しやすくするために使
います。丸形の 12〜15cm で、布がすべり
にくくホールド力のある木製がおすすめ。

クラフトはさみ
布だけではなく、紙や太い
糸も切れるものがあると重
宝します。

糸通し
針に糸を通すときに使用。
刺しゅう専用のものが便利。

図案を写す

マスキングテープ
布を台に固定するのに使
います。

**トレーシング
ペーパー**
図案を写しとるのに使う薄
紙。本書では以下、トレペと
省略。

セロファン
図案を写したトレペの上に
重ねて使用。トレーサーのす
べりがよくなり、トレペが破
れにくくなります。

下敷き（ハードタイプ）
布に図案を写すときに。
布の下に敷くことで、複
写紙のインクがしっかり
とより濃く写ります。

まち針
図案を写したトレペと
セロファンを布にとめ
るのに使います。

トレーサー／クロバー
手芸用複写紙を使って、布に図案を
写すのに使います。インクの出なく
なったボールペンでも代用可。

手芸用片面複写紙
（水で消えるタイプ）／クロバー
図案を布に写すときに。片面
にインクがついている、本書
では水で消えるタイプを使用
します。

定規
トレペと布に直線を写すと
きに。円定規もあると便利。

**チャコペン・極細、
チャコペンシル**
（ともに水で消えるタイプ）／クロバー
布に直接、図案線を描くときに。インク
がにじむ布の場合はペンシルタイプを。

シャープペンシル
図案をトレペに写すときに使用。鉛
筆よりも一定の細さで描けるのが
メリット。

図案の写し方のキホン

Point
- 手芸用片面複写紙、チャコペンは「水で消えるタイプ」がおすすめ。
- 使用する複写紙の「使用上の注意」を確認しましょう。

布を固定することでしわがとれ、刺しゅう枠をはめた
ときと近い状態に。より正確に図案を布に写せます。

1 図案の上にトレペをのせ、
シャープペンシルで写す。コ
ピーした図案を使用してもOK。

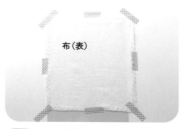

布（表）

2 布と作業台との間に下敷きを
はさむ。布をピンと張りなが
ら、マスキングテープで台または下
敷きに固定する。

3 布の刺しゅうをしたい位置に
①のトレペを置き、まち針で
上部をとめる。

4 ①の下にインク面を下（布側）に
して複写紙を入れる。

複写紙は、図案より周囲2cmほど大きく
カットすると使いやすくなります。

5 ①の上にセロファンをのせて
まち針でとめ、トレーサーで
図案をなぞる。

**定規を使って
正確に写しましょう！**

図案がゆがんでいると、刺しゅ
うがきれいに仕上がりません。
①のトレペ、⑤の布に写すとき、
直線などは定規を使用するとよ
いでしょう。

円定規は100円ショップでも手に
入るのであると便利。

6 まち針でとめたまま複写紙を
めくり、写し忘れ、線の薄い
ところがあればなぞる。

7 布に図案を写し終わったとこ
ろ。薄い部分があればチャ
コペンで整える。

＊クロスステッチでは、図案を写す作業は必要ありません。

Chapter 1

刺しゅう枠のキホン

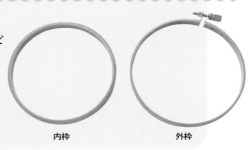

内枠　　　　外枠

Point
- 内枠と外枠の間に布をはさみ、ネジで調整して布をピンと張ることで、ハリ感の少ない一般の布もステッチしやすくなります。
- 刺しゅう枠より図案が大きい場合は、枠をずらしながら刺していきます。
- 刺しゅう枠は使用しなくてもOKです。

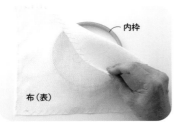

1 内枠の中央に図案がくるように布をのせる。

2 金具を上側にして外枠をかぶせ、ネジを軽く締める。

3 布のゆがみやたるみがないように整え、ネジをしっかりと締める。

こんなときどうする？

布が小さい場合

並縫い
ハンカチ（表）
足し布

刺したい布が小さくて刺しゅう枠をはめられないときは、刺したい布と同じくらいの厚さの布で"足し布"をします。

How to
❶ 足し布の端を1cm裏側に折る。
❷ 表側に刺したい布を置いて並縫いで縫いとめる。
❸ 刺しゅう枠にはめ、完成したら縫いとめた糸をほどく。

表側　　　　　刺したい布
裏側　　足し布
　　　　　　約1cm折る

刺しゅうした部分を傷めない方法

刺しゅう布
薄手の布

枠を移動させるときは、ハンカチなどの薄手の布を間にはさむことで、枠と刺した部分が直接摩擦することを防ぎます。

How to
❶ 薄手の布の中央に小さく切り込みを入れ、刺しゅう布にかぶせて内枠にのせる。
❷ 枠近くまで薄手の布に十字に切り込みを入れる。
❸ 刺しゅうする部分が隠れないように、薄手の布をめくって外枠をはめる。

刺しゅう糸の扱い方のキホン

25番刺しゅう糸

1 ラベルをつけたまま、糸端を引き出して必要な長さ（50〜60cm）でカットする。

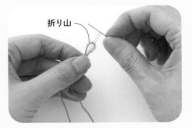

折り山

2 カットした糸を二つ折りにし、針の針穴側で折り山から糸を1本ずつすくって引き抜く。

3 必要な本数（3本どりの場合は3本）の糸端を揃えてまとめる。

＊6本どりの場合も、1本ずつ引き抜き、6本を揃え直す。

糸端は2つあります。少し引いてみて、絡まずスムーズに動くほうを引き出します。
＊DMCの糸の場合は、色番号のラベル側の糸端を引き出します。

5番刺しゅう糸（カセの糸）

a（メーカー名）　b（色番号）

1 糸を束ねているラベルを抜く。

2 カセのねじれをほどき、結び部分で輪をカットする。

a　b

3 ラベルaを通して中央に寄せ、ラベルbに両端を一緒に通す。

ラベルa

糸を引き出すときは中央側から

ラベルa近くの糸を、針穴側ですくってゆっくり引き出しましょう。

8番刺しゅう糸（玉巻きの糸）

糸端を軽く引いたときに連動した糸を、針穴側ですくって引き抜く。

糸端

糸の通し方

刺しゅう糸は、スムーズに針穴に通せないことがあります。
いくつか方法がありますが、はじめてでも簡単にできる方法をご紹介。

1. 糸端を揃えてカットし、水に軽くつける。

2. 湿ってまとまった糸端を針穴に通す。

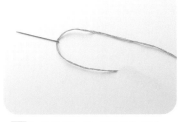

3. 糸を引いて、針穴に糸が通ったところ。

うまく通らない場合は「糸通し」を使うと便利

＊糸通しは、糸の太さ・針穴の大きさに合うものを選びましょう。

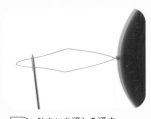

1. 針穴に糸通しを通す。

2. 糸通しの輪の中に、糸を通す。

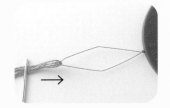

3. 糸通しを針穴から引き抜くと、針穴に糸が通る。

\ オリジナルカラーを作りましょう！ /

糸のブレンドの方法

6本の糸が撚り合わさっている25番刺しゅう糸ならではの楽しみ方です。
2色、3色と絵の具のように色糸を組み合わせてステッチすることで、微妙な色合いを表現できます。

1. 図案ページの指定通りに糸を用意する。ここでは「728（3）＋3722（1）」を例にして糸を用意。

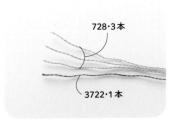

728・3本

3722・1本

2. 728を3本、3722を1本、束から引き出して合わせ、ブレンド糸が完成。4本一緒に針穴に通す。

3. ブレンド糸を使い、フレンチノットで刺し埋めた花。黄色の中にアクセントとなるピンクがランダムに散らばります。 **>> 作品P.39**

刺し始めと刺し終わりのキホン

Point
- 刺し始めと刺し終わりの糸は、裏側の針目にくぐらせて始末します。
- 慣れないうちは、玉結び・玉どめで気軽に楽しみましょう。

刺し始め

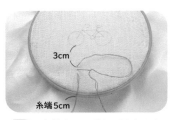

1 糸端を5cm残し、図案から3cm離れたところで返し縫いをする。

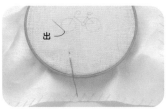

2 図案の始まり位置から針を出す。
＊糸端は、糸替えまたは刺し終わってから裏側に引き出し、「刺し終わり」と同様に始末する。

「玉結び」でもOK!
一方の糸端をひと結びし、糸端は短くカットする。

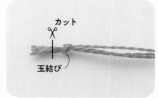

刺し終わり

線のステッチの糸始末（アウトラインステッチなど）

＊わかりやすいように、始末する糸の色を変えています。

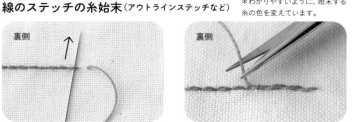

1 布を裏返し、巻きつけバックステッチ（P.20）の要領で裏側の針目にくぐらせる。

2 ①と同様に、4、5目にくぐらせ、余分な糸をカットする。

面のステッチの糸始末（サテンステッチなど）

＊わかりやすいように、始末する糸の色を変えています。

1 布を裏返し、刺し終わりの横から針を入れ、裏側に渡っている糸のみを1cm分ほどすくう。

2 少し（糸2、3本分）戻った位置に針を入れ、刺し終わり位置から出す。

3 余分な糸をカットする。

「玉どめ」でもOK!

1 刺し終わりの糸の根元に針を当て、針先に糸を1、2回巻きつける。

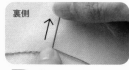

2 巻きつけた部分が布から離れないように指で押さえて針を引き抜く。

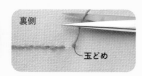

3 玉どめができたところ。余分な糸をカットする。

仕上げのキホン

Point
- 水を吹きかけて図案線を消し、完全にインクが消えてから、アイロンをかけて整えます。
- 使用した複写紙やチャコペンの「使用上の注意」を確認しておきましょう。

Step1 図案線を消す

1. 霧吹きで水を吹きかけ、図案線を消す。

2. 残った図案線があれば、水で濡らした綿棒で軽くたたくようにして落とす。

すぐのアイロンはNG
時間がたつと、消したはずの図案線が浮き出てくることがあります。布がしっかり乾燥して完全にインクが消えたのを確認してからアイロンをかけましょう。

Step2 アイロンをかける

刺しゅう布（裏）

当て布

1. 刺しゅうのふっくら感がつぶれないようにするため、アイロン台の上にタオルをのせる。刺しゅう面を下にして布を置き、霧吹きで全体に水を吹きかけ、当て布をする。

2. 布に適した温度でアイロンをかける。強く押しつけず、布目に沿って滑らせるように動かす。

表側からかける場合もあります！
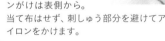

スタンプワーク、リボン刺しゅう、ビーズ刺しゅうのアイロンがけは表側から。当て布はせず、刺しゅう部分を避けてアイロンをかけます。

刺しゅう糸の保管方法

カセに巻きつける
残った糸はカセの中央に巻きつけておきましょう。色番号がわからなくなることもありません。

"糸巻き台紙"を活用
カセの糸が少なくなるとラベルが抜けやすくなるので注意。写真の台紙は4×4cmほどでコンパクトに保管できます。厚紙で手作りしても。

色番号の記入も忘れずに

／DMC

図案ごとに管理
糸を使う長さにカットしたら、穴に通すだけ。刺したい図案の刺しゅう糸をまとめて用意しておくと便利です。

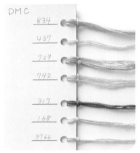

DMC
834
437
ラン
742
317
168
3766

市販のオーガナイザー。オブジェのような高級感があり、刺しゅう時間が楽しくなります。
＊色番号は並び順通りに控えておきましょう。

厚紙にパンチで穴をあけた手作り。

／DMC

本書の図案の見方

モチーフなどを、刺しゅうしやすいように線画にしたものが図案です。
図案のまわりには、それぞれの場所を刺すためのステッチ名や糸の色番号などの指定を記しています。
刺したい図案が決まったら、P.12「図案の写し方のキホン」を参照して布に写しましょう。

クロスステッチの図案の見方はP.111を参照してください。

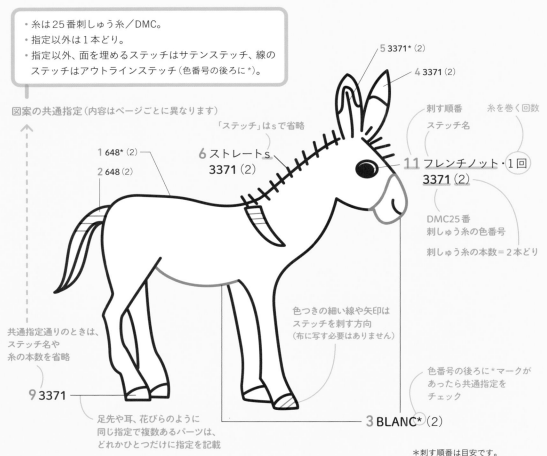

- 糸は25番刺しゅう糸／DMC。
- 指定以外は1本どり。
- 指定以外、面を埋めるステッチはサテンステッチ、線の
  ステッチはアウトラインステッチ（色番号の後ろに＊）。

図案の共通指定（内容はページごとに異なります）

「ステッチ」はsで省略

5 3371＊（2）

4 3371（2）

刺す順番　　糸を巻く回数

ステッチ名

11 フレンチノット・1回
3371（2）

6 ストレートs
3371（2）

1 648＊（2）

2 648（2）

DMC25番
刺しゅう糸の色番号

刺しゅう糸の本数＝2本どり

共通指定通りのときは、
ステッチ名や
糸の本数を省略

9 3371

足先や耳、花びらのように
同じ指定で複数あるパーツは、
どれかひとつだけに指定を記載

色つきの細い線や矢印は
ステッチを刺す方向
（布に写す必要はありません）

色番号の後ろに＊マークが
あったら共通指定を
チェック

3 BLANC＊（2）

＊刺す順番は目安です。

ビーズ刺しゅうの場合

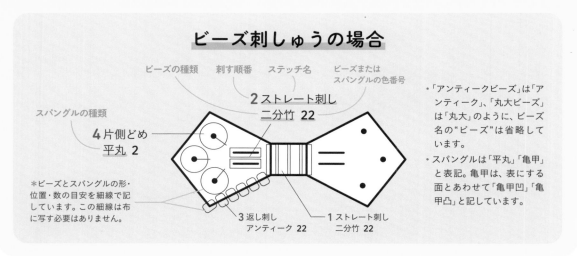

ビーズの種類　刺す順番　ステッチ名

ビーズまたは
スパングルの色番号

2 ストレート刺し
二分竹 22

スパングルの種類

4 片側どめ
平丸 2

＊ビーズとスパングルの形・
位置・数の目安を細線で記
しています。この細線は布
に写す必要はありません。

3 返し刺し
アンティーク 22

1 ストレート刺し
二分竹 22

- 「アンティークビーズ」は「ア
  ンティーク」、「丸大ビーズ」
  は「丸大」のように、ビーズ
  名の"ビーズ"は省略して
  います。
- スパングルは「平丸」「亀甲」
  と表記。亀甲は、表にする
  面とあわせて「亀甲凹」「亀
  甲凸」と記しています。

＊図案ページの図案は実物大です。　＊刺すときは作品ページの写真も参照してください。

2 フランス刺しゅう

フランス刺しゅうとは

日本で一般的に刺しゅうとして浸透しているのが、フランス刺しゅうです。布に図案を写したり、刺しながら描いたりして、好きな絵柄を自由に刺しゅうします。多様なステッチ、単色・色糸の組み合わせなど、幅広い表現ができる自由度の高さも魅力のひとつです。

図案 >> P.88 デザイン・制作…itonohaco

Chapter 2

定番ステッチのキホン

＊針は「フランス刺しゅう針」または「エンブロイダリー針」、
ウール刺しゅうでは「リボン刺しゅう針」を使用します。
＊工程内のステッチ名は「・・・s」と省略。

細い線、輪郭線に向いているステッチ
バックステッチ

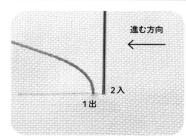

1 図案の始まり位置の**2**より**1**目分先の**1**から針を出し、**2**に戻って針を入れる。

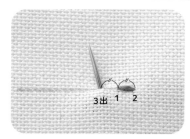

2 **2**より2目分先から針を出す。

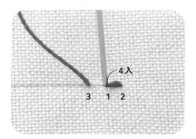

3 1目分戻り、**1**と同じ針穴に入れる。

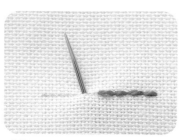

4 針目が等間隔になるよう、戻りながら進んでいく。

▶ **知っておきたい**

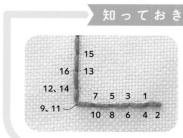

角の刺し方
角は同じ針穴に針を出し入れして、数字の順番に刺します。
＊奇数＝出、偶数＝入。

太く自然な線に
巻きつけバックステッチ

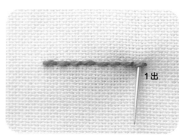

1 バックsを刺し、1目めの中央の下側から巻きつける糸を通した針を出す。

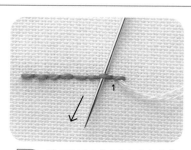

2 隣の針目の糸のみに上からくぐらせる。このとき、ステッチ糸を割らないように注意する。

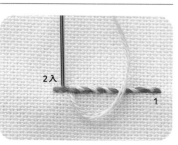

3 ②を繰り返し、最後はバックsの中央の上側に針を入れる。

波模様のような仕上がりに
スレテッドバックステッチ

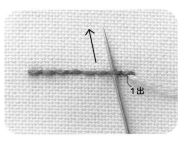

1 バックs（P.20）の1目めの中央の下側から針を出し、隣の針目の糸のみに下からくぐらせる。このとき、ステッチ糸を割らないように注意する。

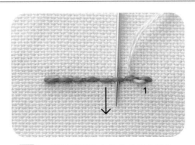

2 隣の針目に上からくぐらせる。

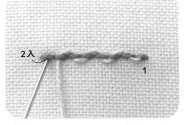

3 上から、下からと交互にくぐらせ、最後はバックsの中央の下側（または上側）に針を入れる。

破線に仕上がるステッチ
ランニングステッチ

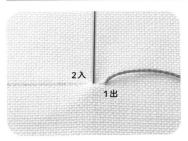

1 1から針を出し、2に入れて1目刺す。

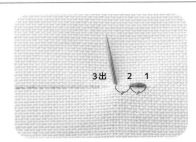

2 1目分先から出す。

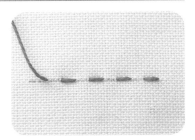

3 等間隔の針目になるように繰り返す。

糸を巻きつけてつながった線に
巻きつけランニングステッチ

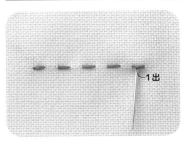

1 ランニングsを刺し、1目めの中央の下側から巻きつける糸を通した針を出す。

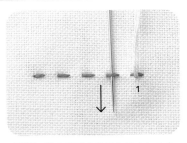

2 隣の針目の糸のみに上からくぐらせる。このとき、ステッチ糸を割らないように注意する。

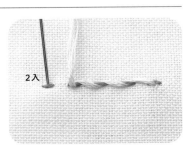

3 ②を繰り返し、最後はランニングsの中央の上側に針を入れる。

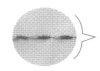
表も裏も同じ仕上がりに
ダブルランニングステッチ（ホルベインステッチ）

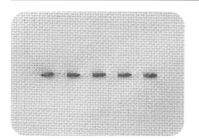

1 ランニングs（P.21）を刺す。

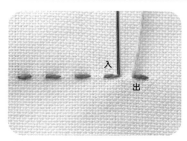

2 先に刺したステッチの下側から針を出し、隣のステッチの上側に針を入れる。

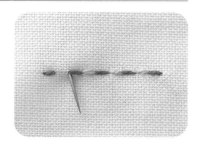

3 ランニングsの間を埋めるように、同じ針穴に針を出し入れしてランニングsを刺す。

知っておきたい

バックステッチとダブルランニングステッチの違い

表側からは同じに見える2つのステッチですが、裏側が大きく異なります。バックステッチは裏側に糸が多く渡り、厚みが出ます。一方、ダブルランニングステッチは、糸の渡りが最小限で、裏側もすっきりと仕上がります。

バックステッチ

ダブルランニングステッチ

並べ方、長さで変化
ストレートステッチ

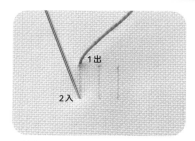

1 1から針を出し、2に入れる。

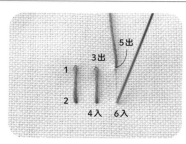

2 図案線に合わせて、1本ずつ刺す。

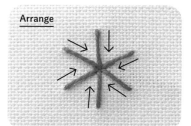

Arrange

放射状に刺す場合は、外側から内側へ、中心は同じ針穴に針を入れる。

ステッチ見本

ストレートステッチの応用。ランダムに刺し埋めて動物の毛並みを表現。>> 作品P.71

ロープのような立体的な模様に
アウトラインステッチ

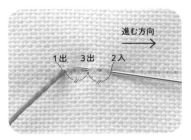

進む方向 →

1出　3出　2入

1 1から針を出し、1目分先の2に入れ、半目分戻って3から出す。

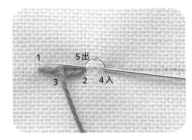

1　5出

3　2　4入

2 3より1目分先の4に針を入れ、半目分戻って2と同じ針穴の5から出す。

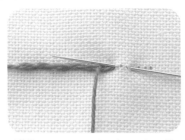

3 2を繰り返す。糸はつねに針の下側にあるように進む。

知っておきたい

針目の角度と重なりで"太さ"を調節

針目の重なりを少なくすると、細いステッチに。角度をつけ、重なりを多くすると、太いステッチになります。太いときは、図のように、刺したい太さに2本線を引くと刺しやすくなります。

細いアウトラインステッチ

太いアウトラインステッチ

「A」の3本の線はどれも、2本どりのアウトラインs。
針目の傾きと重ね具合を変えることで太さを変えています。　>> 作品P.78

結び目のように仕上がるステッチ
フレンチノット

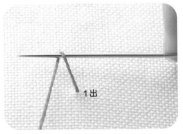

1出

1 1から針を出し、針先に糸をかける（写真は1回巻きの場合）。巻き数が2回以上の場合は、針先に指定の回数を巻きつける。

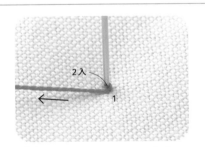

2入

1

2 糸がゆるまないように左手で引きながら、1の際に針を垂直に入れる。

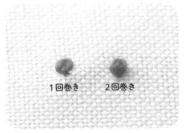

1回巻き　2回巻き

3 1で糸を巻きつける回数で大きさが変わる。

鎖のように連なるステッチ
チェーンステッチ

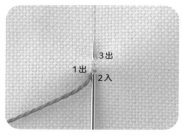

3出
1出
2入

1 1から針を出し、同じ針穴の2に針を入れ、3から出す。

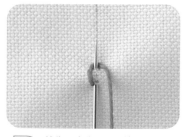

2 針先に糸をかけ、針をゆっくり引き抜く。

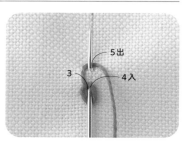

5出
3
4入

3 3と同じ針穴に針を入れ、1目分先の5から出し、糸をかけて針を抜く。これを繰り返す。

小さくとめる

4 刺し終わりは、輪の外側の際に針を入れてとめる。

いつも同じ方向から糸をかけ、引き加減を揃えます。適度なふくらみのある輪になるように、糸を引きすぎないようにしましょう。

ステッチ見本

花びらと葉の輪郭をチェーンsで。太めのざっくりとした線を表現したいときに◎。
>> 作品P.36

▶ 知っておきたい ◀

角をきれいに刺すコツ

図案線の端（角）まで刺したら、一度刺しとめる。最後のステッチの輪の中から針を出し、角度を変えて刺し進める。

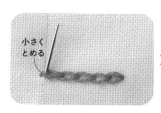

小さくとめる

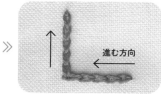

進む方向

円のつなぎ方

残り1目分のところまで刺したら、刺し始めのステッチ（◎）にくぐらせ、最後のステッチで出したときと同じ針穴に針を入れる。

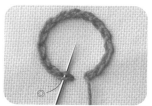

◎

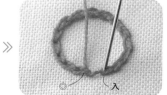

◎
入

◎

太くしっかりした線に

巻きつけチェーンステッチ

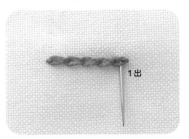

1 チェーンs（P.24）を刺し、1目めの中央の下側から巻きつける糸を通した針を出す。

1出

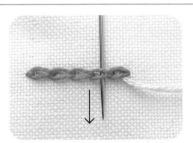

2 隣の針目の糸のみに上からくぐらせる。このとき、ステッチ糸を割らないように注意する。

3 ②を繰り返し、最後はチェーンsの左端の上側に針を入れる。

2入

┤ 面を埋めるステッチに Arrange ├

アウトラインステッチ（P.23）で埋める

アウトラインフィリング

葉の部分をアウトラインsで縦方向に埋めることで葉脈を表現。

>> 作品 P.39

フレンチノット（P.23）で埋める

フレンチノットフィリング

フレンチノットをランダムに。ヒツジの毛のもこもこ感にぴったり。

>> 作品 P.82

チェーンステッチ（P.24）で埋める

チェーンフィリング

ステッチを刺し進める方向、糸をかける方向と引き加減を揃えることできれいな仕上がりに。

>> 作品 P.50

共通

輪郭を刺してから、刺し終えたステッチに沿って内側を埋めていく。1周ずつ円を刺すほか、うず巻き状に刺す場合も。

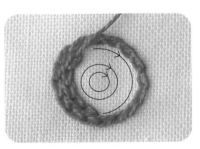

フレンチノット＋ストレートステッチのような仕上がりに

ロングレッグフレンチノット

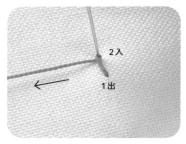

2入
1出

1 1から針を出し、針先に指定の回数（写真は1回）糸を巻きつけ、糸がたるまないように2に入れる（P.23①、②参照）。

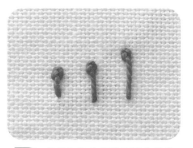

2 針を入れる位置で足の長さが変わる。

 図案線に沿って糸を別糸でとめていくステッチ

コーチングステッチ

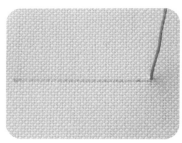

1 図案線の端から針を出す。

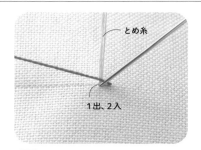

とめ糸

1出、2入

2 別糸（とめ糸）を1から出し、①の糸をくるむようにして2に入れる。

＊1と2は図案線上の同じ針穴。

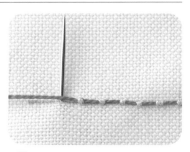

3 とめ糸を等間隔に刺していく。

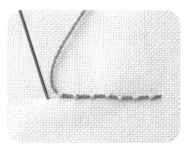

4 刺し終わりは、①の糸を図案線の端に入れる。

ステッチ見本

図案線に沿ったなめらかなラインを描けるステッチ。カーブ部分はとめ糸の間隔を細かくするときれいに仕上がります。

>> 作品 P.60

花びらのような形になるステッチ
レゼーデイジーステッチ

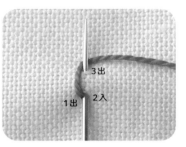

1 1から針を出し、同じ針穴の2に入れ、3から針先を出して糸をかける。

3出
1出　2入

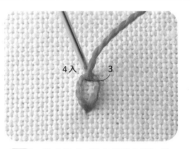

2 針を抜き、輪の外側の際に針を入れてとめる。

4入　3

3 でき上がり。右は、4の位置を離してとめる、針目を長くしたタイプ。

ステッチ見本
糸を強めに引いて輪を細くし、とめる針目を長くすることで、スッと細長い葉に。
>> 作品P.145

ステッチ見本
レゼーデイジーsの花びらの内側をストレートsで埋めています。　>> 作品P.36

レゼーデイジーステッチを重ね刺し
ダブルレゼーデイジーステッチ

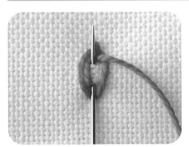

1 レゼーデイジーsを刺した内側に、続けてレゼーデイジーsを刺す。

2 内側のステッチの刺し終わりは、外側のステッチ内におさまるようにする。

Y字の形になるステッチ
フライステッチ

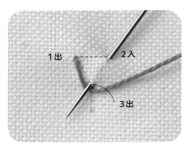

1出　2入　3出

| 1 | 1から針を出して2に入れ、3から針先を出して糸をかける。 |

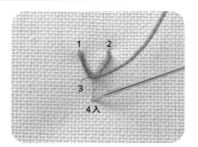

1　2　3　4入

| 2 | 4に針を入れる。 |

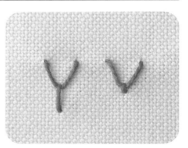

| 3 | 3から4の針目の長さを変えることでY字形またはV字形になる。 |

ステッチ見本

1本どりの糸でY字形とV字形を細かくランダムに刺し埋め、繊細な葉を表現。

>> 作品P.146

ステッチ見本

25番糸（薄緑）とウール刺しゅう糸（クリーム色）の2種類の糸を使用。それぞれ、ぐるりと円に刺して花のように。

>> 作品P.54

フライステッチを応用して葉を刺すときに
フライステッチリーフ

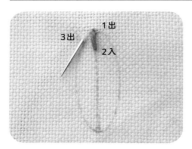

3出　1出　2入

| 1 | 中央の線に沿ってストレートs（P.22）を刺し、輪郭線上の3から出す。 |

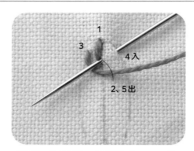

1　3　4入　2、5出

| 2 | 反対側の輪郭線上の4に針を入れ、2と同じ針穴の5から出す。 |

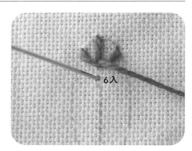

6入

| 3 | 6に針を入れる。 |

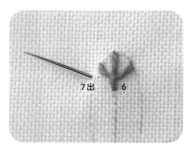

7出　6

| 4 | ①～③と同じ要領でフライsを繰り返す。 |

ステッチ見本

V字形のフライsを隙間があかないように刺し埋めて。　>> 作品P.98

アップリケを縫いとめるときにも使います
ブランケットステッチ（ボタンホールステッチ）

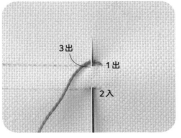

1　1から針を出して2に入れ、3から針先を出して糸をかけ、針を抜く。

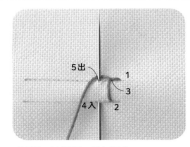

2　等間隔に繰り返す。

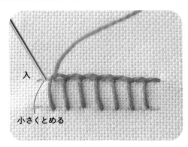

3　刺し終わりは、かけた糸の外側の際に針を入れてとめる。

ステッチ見本

針目の長さに変化をつけて、貝殻の模様を表現。

\>> 作品P.56

ステッチ見本

間隔を詰めてアップリケの縁かがりに。

\>> 作品P.82

知っておきたい

刺し始めにつなぐ方法
（輪に刺す場合）

刺し始めの糸に上からくぐらせ、真下の位置に針を入れる。

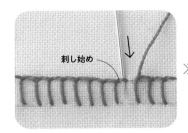

刺し始め

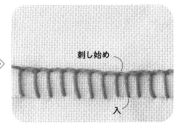

刺し始め

入

途中で糸をつなぐ方法

糸が短くなったら3よりも小さな針目でとめ、糸始末をする。新しい糸を通した針を、★と同じ内側の針穴から出し、針目を覆い隠すようにして刺し進める。

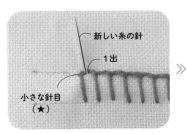

新しい糸の針
1出
小さな針目（★）

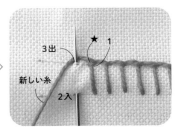

3出
★　1
新しい糸
2入

面を埋めるステッチ
サテンステッチ

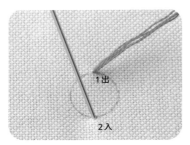

| 1 | 図案の中央の、輪郭線の端から端に針を出し入れする。 |

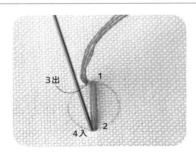

| 2 | 同じ要領で、隙間があいたり、重なったりしないように左側半分を刺していく。 |

| 3 | 左側半分を刺し終わったところ。 |

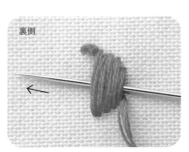

| 4 | 布を裏返し、裏に渡っている糸の下に針をくぐらせて中央に戻す。 |

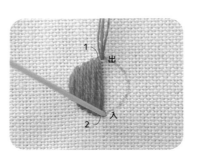

| 5 | ①で刺した糸の右隣に針を出し、右側半分も同様に刺し埋める。 |

円をきれいな"まる"に仕上げるコツ

両端のステッチは刺しすぎないように。直径の1/3の長さのステッチで終わるようにします。

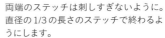

ふっくら厚みを出したいときに
芯入りサテンステッチ

| 1 | 輪郭をバックs（P.20）、内側をランダムにストレートs（P.22）で刺す。輪郭の外側の際から針を出し入れしてサテンsを刺す。 |

ステッチ見本

両脇の葉はサテンs、白い実は芯入りサテンsと使い分けることで、実のふっくら感を強調。

>> 作品P.68

広い面積を埋めたいときに
ロングアンドショートステッチ

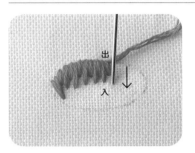

1 サテンs(P.30)と同じ要領で、中央から半分ずつ、長い針目と短い針目を交互に刺す。

2 1段めを刺し終わったところ。

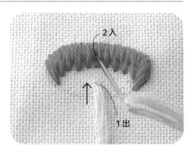

3 2段めを刺す。中央から針を出し、1段めの糸と糸の間に針を入れる。

2段め以降の刺し方

先に刺したステッチを押し上げて乱すことがないように、ステッチのない側（下）からステッチ側（上）に向かって刺しましょう。このとき、針を斜めの角度で刺し入れることで、糸と糸がなじみ、自然な仕上がりになります。

4 針目の長さは規則的にせず、前の段に少し重ねながら左半分を埋める。

5 同様に右半分も刺し埋め、2段めが刺し終わったところ。

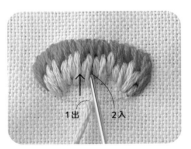

6 3段めも③〜⑤と同じ要領で埋める。

ステッチ見本

ふさふさとしたフクロウの毛並みにもぴったり。動物の体にもよく使われるステッチです。
>> 作品P.70

知っておきたい

ひと針ひと針、糸をならす
ひと手間でぐんときれいに！

サテンステッチ、ロングアンドショートステッチ共通。糸を完全に引く前に、針で糸をならしましょう。写真のように、6本どりの場合は6本の糸が重ならずに並ぶように整えると、きれいな仕上がりになります。

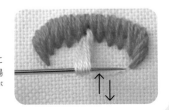

細長い立体的なステッチ
バリオンステッチ

糸を巻きつける位置は、針のできるだけ太い部分に。ゆるまない程度にやさしく巻きつけましょう。

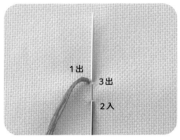

1 1から針を出し、2に入れ、1の右の際の3から出す。

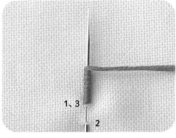

2 針先を長めに出し、図案線の長さよりも少し長めに（または指定の回数）糸を巻きつける。

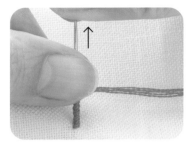

3 巻いた糸がゆるまないように指で押さえ、針を回転させながらゆっくりと上に引き抜く。

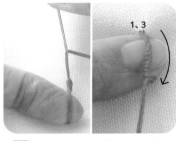

4 1と2の間に指を入れ、巻きつけた糸を固定しながら針を手前にもってくる。

5 指を抜き、糸をしっかりと引ききる。巻きつけた糸の下に針を入れて糸をならし、形を整える。

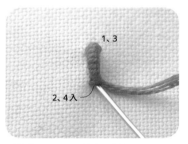

6 2と同じ針穴に針を入れる。

立体的なリング状に
バリオンデイジー

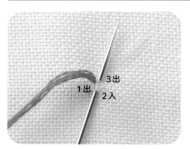

1 1から針を出し、1mmほど下の2に入れ、1の右の際の3から出す。

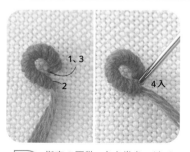

2 指定の回数、糸を巻きつけて針を抜き（バリオンs・2、3参照）、3の際に入れる。

3 ループの外側の際から針を出し、ループの内側に入れる。

Lesson　刺してみましょう！

P.50 パンダ

図案
・糸は25番刺しゅう糸／DMC。
・すべて2本どり。
図案の見方 >> P.18
実物大図案 >> P.52

下準備
・布に図案を写す。
図案の写し方のキホン >> P.12

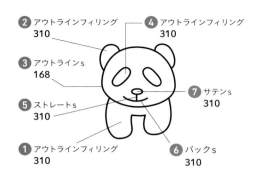

2 アウトラインフィリング
310

4 アウトラインフィリング
310

3 アウトラインs
168

5 ストレートs
310

7 サテンs
310

1 アウトラインフィリング
310

6 バックs
310

フランス刺しゅう

＊写真ではわかりやすいように、作品と異なる布を使用し、一部の糸の色を変えています。
＊工程内のステッチ名は「・・・s」と省略。

アウトラインフィリング
Step1　体をステッチする

1 310（黒）・2本どりで、体の輪郭をアウトラインsで刺す。
刺し始め >> P.16

アウトラインステッチの刺し始め
1目めの先端（★）が細くならないように、2目めを1目めに2/3〜3/4重ねて刺します。

★

2/3〜3/4
重ねる

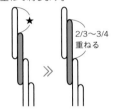

2 カーブ部分はなめらかな線になるように針目を小さくする。

3 角のひと針手前まで、アウトラインsで刺したところ。

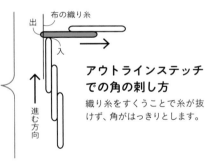

織り糸1、2本

4 角を刺す。図案線の角に針を入れ、布の織り糸1、2本をすくう。

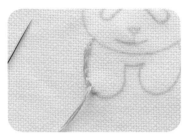

出

布の織り糸

入

アウトラインステッチでの角の刺し方
織り糸をすくうことで糸が抜けず、角がはっきりとします。

進む方向

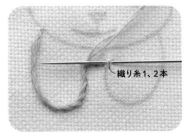

織り糸1、2本

5 続けてアウトラインsを刺す。反対側の角も**4**と同じ要領で、織り糸1、2本をすくい、図案線の角から針を出す。

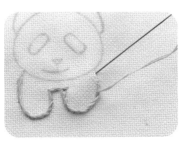

6 刺し終わりは、刺し始め側と同様に、針目の重なりが多くなるように刺す。

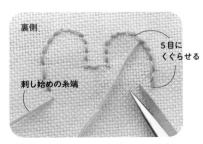

裏側

5目にくぐらせる

刺し始めの糸端

7 刺し終わったら裏返し、糸始末をする。刺し始めの糸端も裏側に引き出し、同様に始末する。
刺し終わり >> P.16

Lesson

図案
② アウトラインフィリング
310
④ アウトラインフィリング
310
③ アウトラインs
168
⑦ サテンs
310
⑤ ストレートs
310
① アウトラインフィリング
310
⑥ バックs
310

糸の残りが10cmくらいになったら、
上端まで戻らず、糸始末（P.16）をし
て新しい糸に変えましょう。

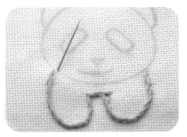

8　アウトラインsで内側を埋め
ていく（アウトラインフィリング）。
輪郭のステッチの際から針を出す。

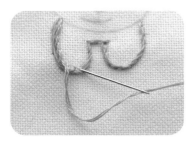

9　先に刺したステッチに沿っ
て、アウトラインsを足先ま
で刺したところ。

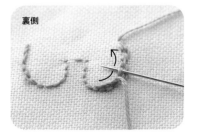

裏側

10　布を裏返し、針目に絡ませな
がら上まで戻る。

11　⑨、⑩を繰り返して内側を刺
し埋める。

アウトラインフィリング

Step2　耳をステッチする

12　310（黒）・2本どりで、Step1
と同じ要領で、輪郭を刺して
からアウトラインフィリングを刺す。

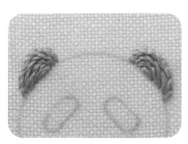

13　反対側の耳も同様に刺す。

Point

糸のねじれは
ほどきます

ステッチをきれいに仕上げるため
に、ねじれた糸はこまめにほどき
ましょう。針を糸の根元（布側）に
下ろし、糸を1本ずつ割って整え
ます。

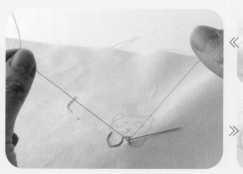

アウトラインs

Step3 顔をステッチする

14 168（薄グレイ）・2本どりでアウトラインsを刺す。1目めと2目めの重なりはStep1のようにはせず、半目重ねた状態に。

15 図案線に沿ってアウトラインsをし、刺し終わりは、刺し始めの1目めに半目重ねる。

アウトラインステッチでの円のつなぎ方

刺し始めの針目の半分の位置に、刺し終わりの針目を重ねます。

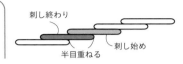

刺し終わり
半目重ねる
刺し始め

16 顔の輪郭を刺し終わったところ。

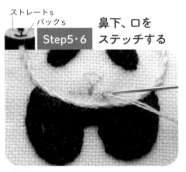

アウトラインフィリング

Step4 目をステッチする

17 310（黒）・2本どりでアウトラインフィリングを刺す。Step1と同じ要領で輪郭→内側の順に刺す。

ストレートs
バックs

Step5・6 鼻下、口をステッチする

18 310（黒）・2本どりで鼻下のラインをストレートs、続けて、口をバックsで刺す。

サテンs

Step7 鼻をステッチする

19 続けて、鼻の図案線の左上端から針を出してサテンsを刺す。

20 刺し終わったところ。

刺し直したいとき

ほどきたい部分の糸を、裏側から糸切りばさみで慎重にカットします。

裏側

最後のcheck!

21 刺し終わった部分に隙間があったら、アウトラインsを足す。

22 刺し終わったところ。図案線を消してアイロンで整える。
仕上げのキホン >> P.17

でき上がり！

簡単ステッチ

図案 >> P.37

デザイン・制作…itonohaco

布…国産仕様リネン100％広幅キャンバス（74 ベールイエロー）／たけみや

・糸は25番刺しゅう糸／DMC。
・図案の見方はP.18参照。

4 フレンチノットフィリング・2回
745（4）、972（4）をランダムに

3 ストレートsで埋める
986（2）

2 ストレートsで
埋める
469（2）

1 アウトラインs
3045（4）

1 バックs
610（2）

2 レゼーデイジーs
327（4）

3 フレンチノット・2回
746（4）

2 ストレートs
610（4）

4 フレンチノット
・2回
610（4）

1 ブランケットs
3765（4）

3 ストレートs
610（4）
・上に重ねて2本刺す。

1 ダブルレゼーデイジーs
3760（6）

2 フレンチノットフィリング・1回
3852（6）

1 レゼーデイジーs＋
内側にストレートs
3731（6）

2 フレンチノット
フィリング・2回
327（6）

1 レゼーデイジーs
746（6）

2 フレンチノット
フィリング・1回
3852（6）

4 レゼーデイジーs
986（3）

1 バックs
610（2）

2 ストレートs
469（2）

3 フレンチノット
・3回
3777（4）

2 バックs
3760（4）

3 バックs
817（4）

1 バックs
610（2）

3 ブランケットs
304（6）

4 フレンチノット
フィリング・1回
3852（6）

5 フレンチノット
フィリング・1回
796（6）

2 フライsリーフ
3346（6）

1 アウトラインs
523（4）

8 フレンチノット
・1回
772（4）

5 レゼーデイジーs＋
内側にストレートs
505（4）

6 ダブルレゼーデイジーs
989（4）

7 ストレートs
159（4）

1 レゼーデイジーs
3760（3）

4 フレンチノット
・2回
327（4）

3 レゼーデイジーs
746（4）

2 フレンチノット・2回
783（4）

1 アウトラインs
869（4）

2 ダブルレゼーデイジーsで埋める
986（4）、469（4）をランダムに

1 チェーンs
796（4）

3 チェーンs
336（3）

2 ストレートs
796（2）

5 フレンチノット
フィリング・2回
746（4）

4 アウトラインs
336（2）

6 フレンチノット
フィリング・2回
3760（4）

37

ワンポイントステッチ

図案 >> P.40

デザイン・制作…itonohaco

布…国産仕様リネン100％広幅キャンバス（113 アイボリー）／たけみや

北欧風の花

図案 >> P.41

デザイン・制作…itonohaco

布…国産仕様リネン100％広幅キャンバス（71 ペールピンク）／たけみや

- 糸は25番刺しゅう糸／DMC。
- 図案の見方はP.18参照。

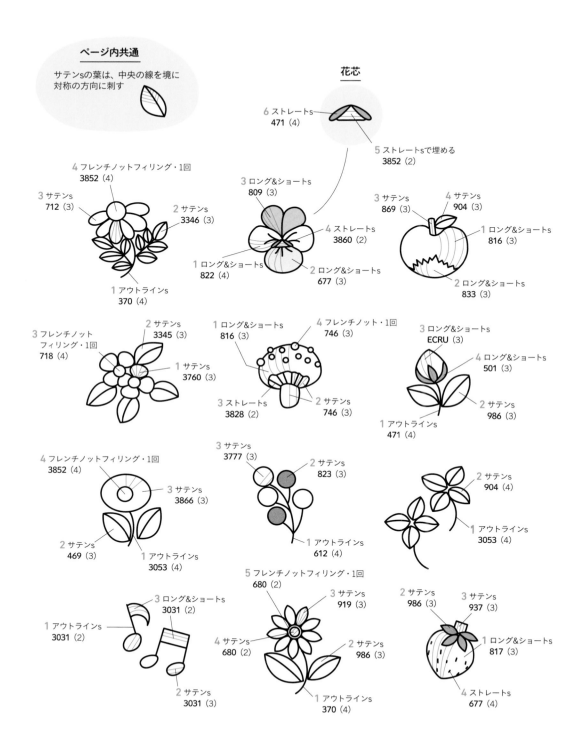

ページ内共通

サテンsの葉は、中央の線を境に対称の方向に刺す

花芯

6 ストレートs
471（4）

5 ストレートsで埋める
3852（2）

4 フレンチノットフィリング・1回
3852（4）

3 サテンs
712（3）

2 サテンs
3346（3）

3 ロング&ショートs
809（3）

4 ストレートs
3860（2）

1 ロング&ショートs
822（4）

2 ロング&ショートs
677（3）

3 サテンs
869（3）

4 サテンs
904（3）

1 ロング&ショートs
816（3）

2 ロング&ショートs
833（3）

1 アウトラインs
370（4）

3 フレンチノットフィリング・1回
718（4）

2 サテンs
3345（3）

1 サテンs
3760（3）

1 ロング&ショートs
816（3）

4 フレンチノット・1回
746（3）

3 ストレートs
3828（2）

2 サテンs
746（3）

3 ロング&ショートs
ECRU（3）

4 ロング&ショートs
501（3）

2 サテンs
986（3）

1 アウトラインs
471（4）

4 フレンチノットフィリング・1回
3852（4）

3 サテンs
3866（3）

2 サテンs
469（3）

1 アウトラインs
3053（4）

3 サテンs
3777（3）

2 サテンs
823（3）

1 アウトラインs
612（4）

2 サテンs
904（4）

1 アウトラインs
3053（4）

3 ロング&ショートs
3031（2）

1 アウトラインs
3031（2）

2 サテンs
3031（3）

5 フレンチノットフィリング・1回
680（2）

3 サテンs
919（3）

4 サテンs
680（2）

2 サテンs
986（3）

1 アウトラインs
370（4）

2 サテンs
986（3）

3 サテンs
937（3）

1 ロング&ショートs
817（3）

4 ストレートs
677（4）

- 糸は25番刺しゅう糸／DMC。
- 図案の見方はP.18参照。

ページ内共通

中央に線がある葉と花びらは、
線を境に対称の
方向に刺す

フランス刺しゅう

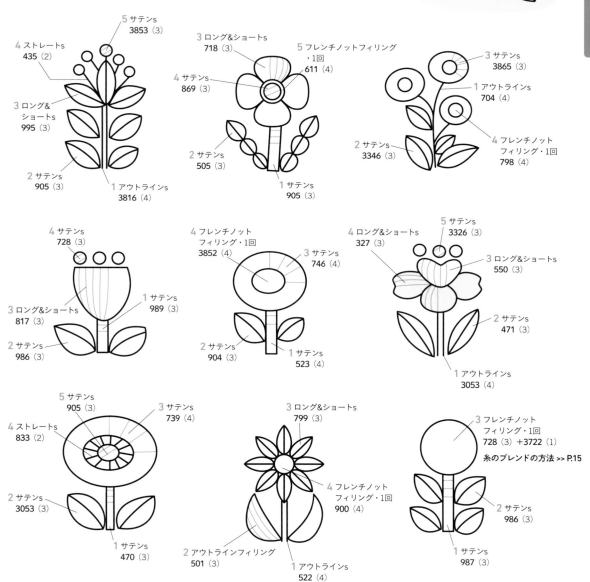

5 サテンs
3853 (3)

4 ストレートs
435 (2)

3 ロング＆
ショートs
995 (3)

2 サテンs
905 (3)

1 アウトラインs
3816 (4)

3 ロング＆ショートs
718 (3)

5 フレンチノットフィリング
・1回
611 (4)

4 サテンs
869 (3)

2 サテンs
505 (3)

1 サテンs
905 (3)

3 サテンs
3865 (3)

1 アウトラインs
704 (4)

4 フレンチノット
フィリング・1回
798 (4)

2 サテンs
3346 (3)

4 サテンs
728 (3)

3 ロング＆ショートs
817 (3)

2 サテンs
986 (3)

1 サテンs
989 (3)

4 フレンチノット
フィリング・1回
3852 (4)

3 サテンs
746 (4)

2 サテンs
904 (3)

1 サテンs
523 (4)

4 ロング＆ショートs
327 (3)

5 サテンs
3326 (3)

3 ロング＆ショートs
550 (3)

2 サテンs
471 (3)

1 アウトラインs
3053 (4)

5 サテンs
905 (3)

4 ストレートs
833 (2)

3 サテンs
739 (4)

2 サテンs
3053 (3)

1 サテンs
470 (3)

3 ロング＆ショートs
799 (3)

4 フレンチノット
フィリング・1回
900 (4)

2 アウトラインフィリング
501 (3)

1 アウトラインs
522 (4)

3 フレンチノット
フィリング・1回
728 (3) +3722 (1)
糸のブレンドの方法 >> P.15

2 サテンs
986 (3)

1 サテンs
987 (3)

散歩道の草花

図案 >> P.43

デザイン・制作…itonohaco

布…国産仕様リネン100％広幅キャンバス（113 アイボリー）／たけみや

- 糸は25番刺しゅう糸／DMC。
- 図案の見方はP.18参照。

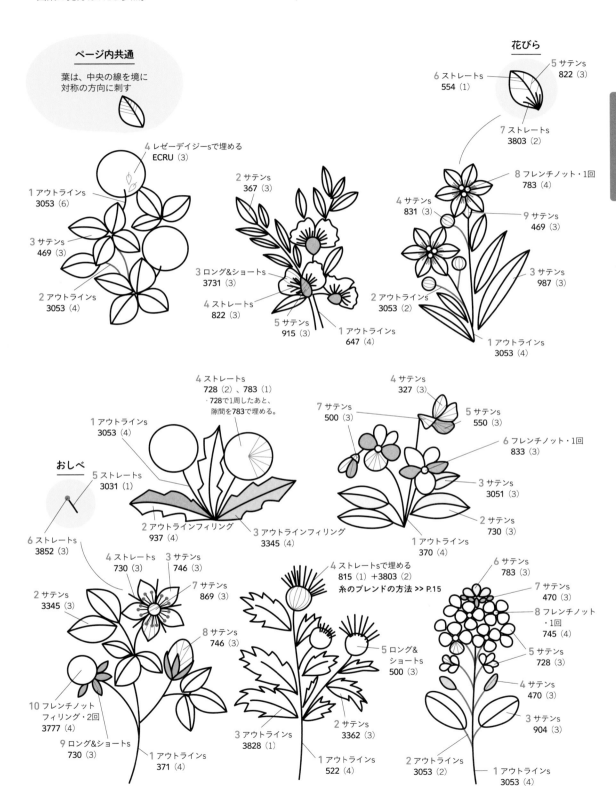

ページ内共通
葉は、中央の線を境に
対称の方向に刺す

花びら

6 ストレートs
554（1）

5 サテンs
822（3）

7 ストレートs
3803（2）

4 レゼーデイジーsで埋める
ECRU（3）

1 アウトラインs
3053（6）

3 サテンs
469（3）

2 アウトラインs
3053（4）

2 サテンs
367（3）

3 ロング&ショートs
3731（3）

4 ストレートs
822（3）

5 サテンs
915（3）

1 アウトラインs
647（4）

4 サテンs
831（3）

8 フレンチノット・1回
783（4）

9 サテンs
469（3）

3 サテンs
987（3）

2 アウトラインs
3053（2）

1 アウトラインs
3053（4）

4 ストレートs
728（2）、783（1）
・728で1周したあと、
隙間を783で埋める。

1 アウトラインs
3053（4）

おしべ

5 ストレートs
3031（1）

2 アウトラインフィリング
937（4）

3 アウトラインフィリング
3345（4）

4 サテンs
327（3）

7 サテンs
500（3）

5 サテンs
550（3）

6 フレンチノット・1回
833（3）

3 サテンs
3051（3）

2 サテンs
730（3）

1 アウトラインs
370（4）

6 ストレートs
3852（3）

4 ストレートs
730（3）

3 サテンs
746（3）

7 サテンs
869（3）

2 サテンs
3345（3）

8 サテンs
746（3）

10 フレンチノット
フィリング・2回
3777（4）

9 ロング&ショートs
730（3）

1 アウトラインs
371（4）

4 ストレートsで埋める
815（1）+3803（2）
糸のブレンドの方法 >> P.15

5 ロング&
ショートs
500（3）

2 サテンs
3362（3）

3 アウトラインs
3828（1）

1 アウトラインs
522（4）

6 サテンs
783（3）

7 サテンs
470（3）

8 フレンチノット
・1回
745（4）

5 サテンs
728（3）

4 サテンs
470（3）

3 サテンs
904（3）

2 アウトラインs
3053（2）

1 アウトラインs
3053（4）

刺しゅう小物にArrange

くるみボタンブローチ

お気に入りの小さな刺しゅうをくるみボタンに。
市販のキットを使うと簡単にブローチに仕立てられます。
服やバッグにつけて愛らしいアクセントに。

図案 >> P.45 | How to make >> P.171

デザイン・制作…itonohaco

- 糸は25番刺しゅう糸／DMC。
- 図案の見方はP.18参照。

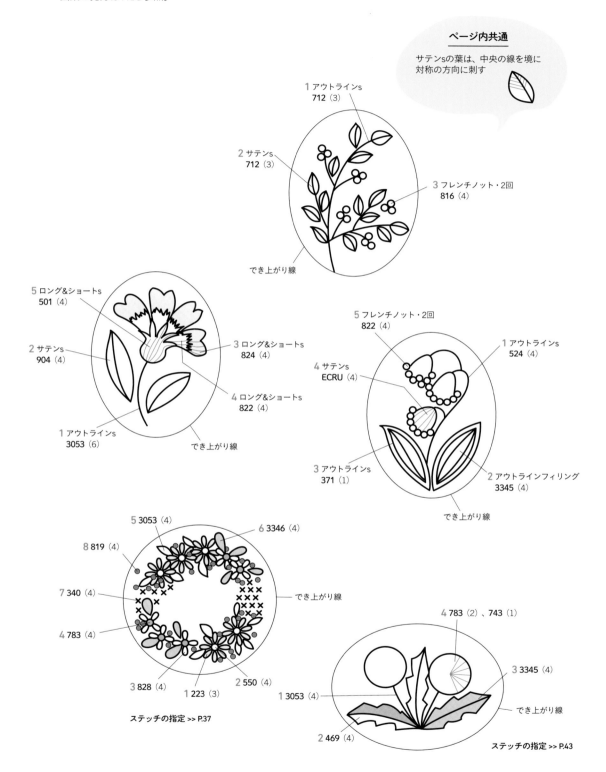

ページ内共通

サテンsの葉は、中央の線を境に
対称の方向に刺す

1 アウトラインs
712 (3)

2 サテンs
712 (3)

3 フレンチノット・2回
816 (4)

でき上がり線

5 ロング&ショートs
501 (4)

2 サテンs
904 (4)

3 ロング&ショートs
824 (4)

4 ロング&ショートs
822 (4)

1 アウトラインs
3053 (6)

でき上がり線

5 フレンチノット・2回
822 (4)

1 アウトラインs
524 (4)

4 サテンs
ECRU (4)

3 アウトラインs
371 (1)

2 アウトラインフィリング
3345 (4)

でき上がり線

5 3053 (4)

6 3346 (4)

8 819 (4)

7 340 (4)

でき上がり線

4 783 (4)

3 828 (4)

1 223 (3)

2 550 (4)

ステッチの指定 >> P.37

4 783 (2)、743 (1)

3 3345 (4)

1 3053 (4)

でき上がり線

2 469 (4)

ステッチの指定 >> P.43

45

お花畑

図案 >> P.48

デザイン・制作…itonohaco

布…国産仕様リネン100％広幅キャンバス（71 ペールピンク）／たけみや

ガーデンフラワー

図案 >> P.49

デザイン・制作…itonohaco

布…国産仕様リネン100％広幅キャンバス（113 アイボリー）／たけみや

- 糸は25番刺しゅう糸／DMC。
- 図案の見方はP.18参照。

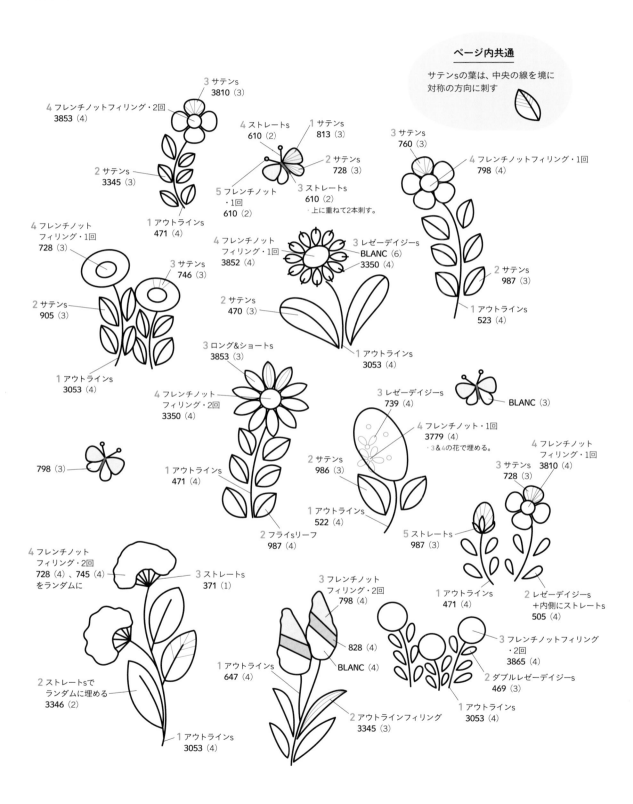

ページ内共通

サテンsの葉は、中央の線を境に
対称の方向に刺す

3 サテンs
3810（3）

4 フレンチノットフィリング・2回
3853（4）

2 サテンs
3345（3）

1 アウトラインs
471（4）

4 ストレートs
610（2）

1 サテンs
813（3）

2 サテンs
728（3）

5 フレンチノット
・1回
610（2）

3 ストレートs
610（2）

・上に重ねて2本刺す。

3 サテンs
760（3）

4 フレンチノットフィリング・1回
798（4）

2 サテンs
987（3）

1 アウトラインs
523（4）

4 フレンチノット
フィリング・1回
728（3）

3 サテンs
746（3）

2 サテンs
905（3）

1 アウトラインs
3053（4）

4 フレンチノット
フィリング・1回
3852（4）

3 レゼーデイジーs
BLANC（6）
3350（4）

2 サテンs
470（3）

1 アウトラインs
3053（4）

3 ロング&ショートs
3853（3）

4 フレンチノット
フィリング・2回
3350（4）

1 アウトラインs
471（4）

798（3）

3 レゼーデイジーs
739（4）

BLANC（3）

4 フレンチノット・1回
3779（4）
・3&4の花で埋める。

2 サテンs
986（3）

1 アウトラインs
522（4）

2 フライsリーフ
987（4）

5 ストレートs
987（3）

4 フレンチノット
フィリング・1回
3810（4）

3 サテンs
728（3）

1 アウトラインs
471（4）

2 レゼーデイジーs
＋内側にストレートs
505（4）

4 フレンチノット
フィリング・2回
728（4）、745（4）
をランダムに

3 ストレートs
371（1）

2 ストレートsで
ランダムに埋める
3346（2）

1 アウトラインs
3053（4）

3 フレンチノット
フィリング・2回
798（4）

828（4）

BLANC（4）

1 アウトラインs
647（4）

2 アウトラインフィリング
3345（3）

3 フレンチノットフィリング
・2回
3865（4）

2 ダブルレゼーデイジーs
469（3）

1 アウトラインs
3053（4）

Photo >> P.47　ガーデンフラワー

- 糸は25番刺しゅう糸／DMC。
- 図案の見方はP.18参照。

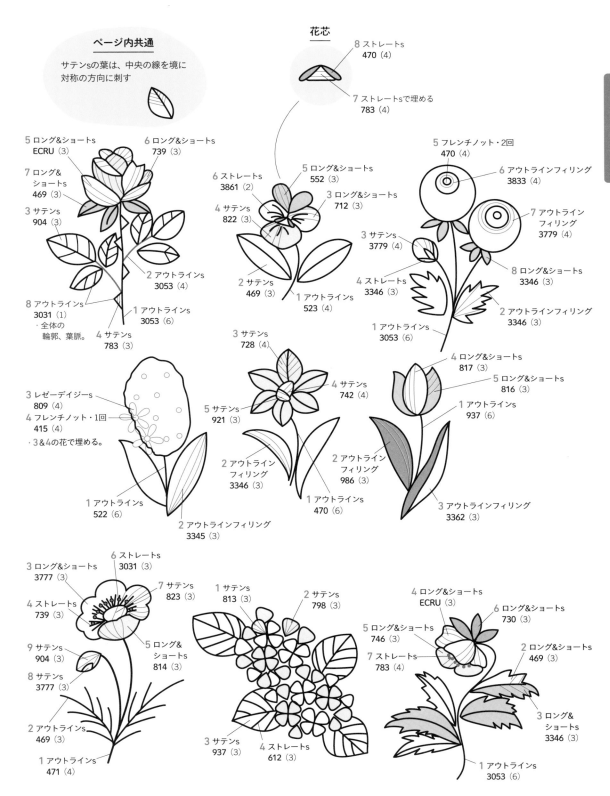

ページ内共通

サテンsの葉は、中央の線を境に
対称の方向に刺す

花芯

8 ストレートs
470（4）

7 ストレートsで埋める
783（4）

5 ロング&ショートs
ECRU（3）

6 ロング&ショートs
739（3）

7 ロング&
ショートs
469（3）

3 サテンs
904（3）

2 アウトラインs
3053（4）

8 アウトラインs
3031（1）
・全体の
輪郭、葉脈。

1 アウトラインs
3053（6）

4 サテンs
783（3）

6 ストレートs
3861（2）

5 ロング&ショートs
552（3）

3 ロング&ショートs
712（3）

4 サテンs
822（3）

2 サテンs
469（3）

1 アウトラインs
523（4）

5 フレンチノット・2回
470（4）

6 アウトラインフィリング
3833（4）

7 アウトライン
フィリング
3779（4）

3 サテンs
3779（4）

4 ストレートs
3346（3）

8 ロング&ショートs
3346（3）

2 アウトラインフィリング
3346（3）

1 アウトラインs
3053（6）

3 レゼーデイジーs
809（4）

4 フレンチノット・1回
415（4）
・3&4の花で埋める。

1 アウトラインs
522（6）

2 アウトラインフィリング
3345（3）

3 サテンs
728（4）

5 サテンs
921（3）

4 サテンs
742（4）

2 アウトライン
フィリング
3346（3）

1 アウトラインs
470（6）

4 ロング&ショートs
817（3）

5 ロング&ショートs
816（3）

1 アウトラインs
937（6）

2 アウトライン
フィリング
986（3）

3 アウトラインフィリング
3362（3）

3 ロング&ショートs
3777（3）

6 ストレートs
3031（3）

7 サテンs
823（3）

4 ストレートs
739（3）

9 サテンs
904（3）

8 サテンs
3777（3）

5 ロング&
ショートs
814（3）

2 アウトラインs
469（3）

1 アウトラインs
471（4）

1 サテンs
813（3）

2 サテンs
798（3）

3 サテンs
937（3）

4 ストレートs
612（3）

4 ロング&ショートs
ECRU（3）

6 ロング&ショートs
730（3）

5 ロング&ショートs
746（3）

7 ストレートs
783（4）

2 ロング&ショートs
469（3）

3 ロング&
ショートs
3346（3）

1 アウトラインs
3053（6）

旅の思い出 フランス&中国

図案 >> P.52

デザイン・制作…あべまり

布…国産仕様リネン100%広幅キャンバス（72 ペールグレー）／たけみや

旅の思い出 ハワイ&メキシコ

図案 >> P.53

デザイン・制作…あべまり

布…国産仕様リネン100%広幅キャンバス（72 ペールグレー）／たけみや

・糸は25番刺しゅう糸／DMC。
・指定以外は2本どり。
・図案の見方はP.18参照。

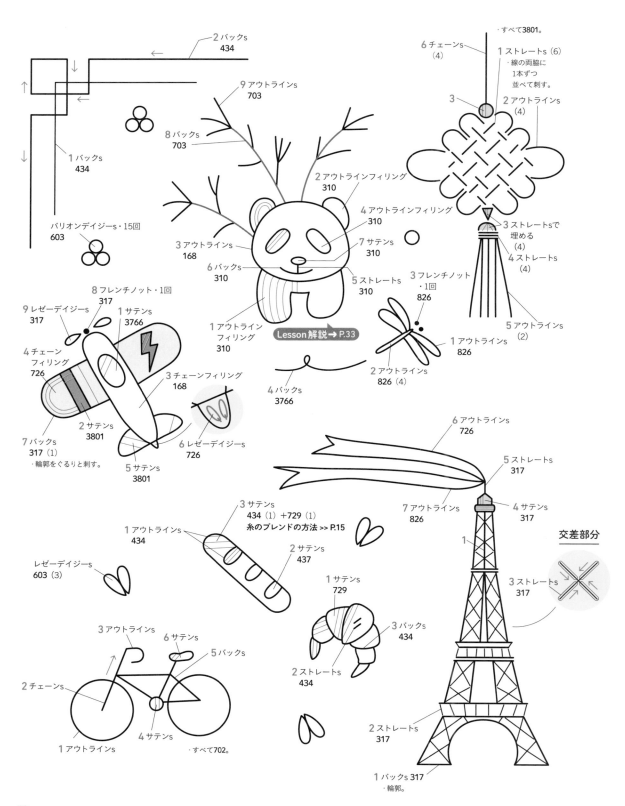

2 バックs
434

1 バックs
434

9 アウトラインs
703

8 バックs
703

バリオンデイジーs・15回
603

2 アウトラインフィリング
310

4 アウトラインフィリング
310

3 アウトラインs
168

7 サテンs
310

6 バックs
310

5 ストレートs
310

1 アウトライン
フィリング
310

Lesson解説 → P.33

8 フレンチノット・1回
317

9 レゼーデイジーs
317

1 サテンs
3766

4 チェーン
フィリング
726

3 チェーンフィリング
168

7 バックs
317 (1)
・輪郭をぐるりと刺す。

2 サテンs
3801

6 レゼーデイジーs
726

5 サテンs
3801

・すべて3801。

6 チェーンs
(4)

1 ストレートs (6)
・線の両脇に
1本ずつ
並べて刺す。

3

2 アウトラインs
(4)

3 ストレートsで
埋める
(4)

4 ストレートs
(4)

3 フレンチノット
・1回
826

5 アウトラインs
(2)

1 アウトラインs
826

2 アウトラインs
826 (4)

4 バックs
3766

6 アウトラインs
726

5 ストレートs
317

7 アウトラインs
826

4 サテンs
317

交差部分

3 ストレートs
317

3 サテンs
434 (1) +729 (1)
糸のブレンドの方法 >> P.15

1 アウトラインs
434

2 サテンs
437

レゼーデイジーs
603 (3)

1 サテンs
729

3 バックs
434

2 ストレートs
434

2 ストレートs
317

3 アウトラインs

6 サテンs

5 バックs

2 チェーンs

4 サテンs

1 アウトラインs

・すべて702。

1 バックs 317
・輪郭。

- 糸は25番刺しゅう糸／DMC。
- 指定以外は2本どり。
- 図案の見方はP.18参照。

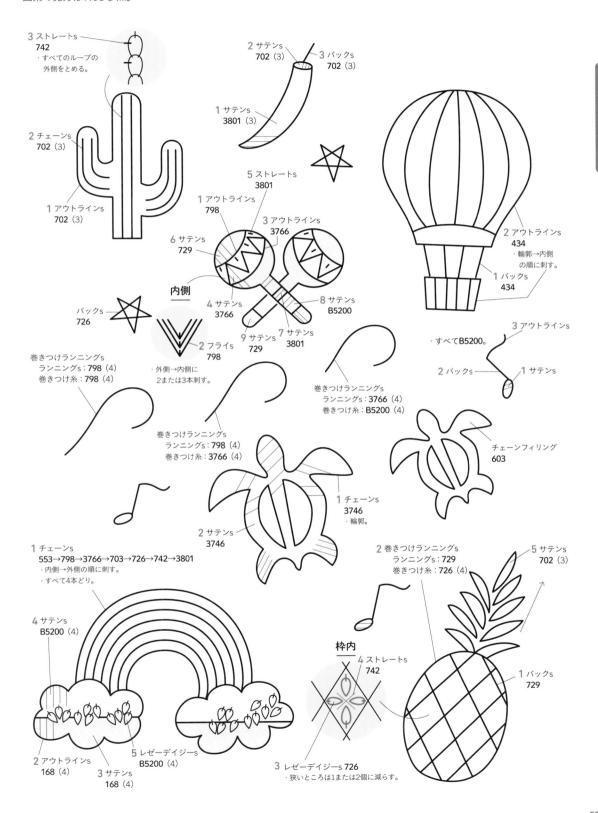

3 ストレートs
742
・すべてのループの
外側をとめる。

2 チェーンs
702（3）

1 アウトラインs
702（3）

2 サテンs
702（3）

3 バックs
702（3）

1 サテンs
3801（3）

5 ストレートs
3801

1 アウトラインs
798

3 アウトラインs
3766

6 サテンs
729

2 アウトラインs
434
・輪郭→内側
の順に刺す。

1 バックs
434

バックs
726

内側

4 サテンs
3766

8 サテンs
B5200

9 サテンs
729

7 サテンs
3801

2 フライs
798
・外側→内側に
2または3本刺す。

3 アウトラインs
・すべてB5200。

2 バックs

1 サテン

巻きつけランニングs
ランニングs：798（4）
巻きつけ糸：798（4）

巻きつけランニングs
ランニングs：3766（4）
巻きつけ糸：B5200（4）

巻きつけランニングs
ランニングs：798（4）
巻きつけ糸：3766（4）

チェーンフィリング
603

1 チェーンs
3746
・輪郭。

2 サテンs
3746

1 チェーンs
553→798→3766→703→726→742→3801
・内側→外側の順に刺す。
・すべて4本どり。

2 巻きつけランニングs
ランニングs：729
巻きつけ糸：726（4）

5 サテンs
702（3）

4 サテンs
B5200（4）

枠内

4 ストレートs
742

1 バックs
729

2 アウトラインs
168（4）

3 サテンs
168（4）

5 レゼーデイジーs
B5200（4）

3 レゼーデイジーs 726
・狭いところは1または2個に減らす。

ウール刺しゅうのハッピーモチーフ

図案 >> P.55

デザイン・制作…あべまり

布…麻100％キャンバス／たけみや

- 糸は指定以外、タペストリーウール。#25 ＝ 25番刺しゅう糸／ともにDMC。
- 図案の見方はP.18参照。

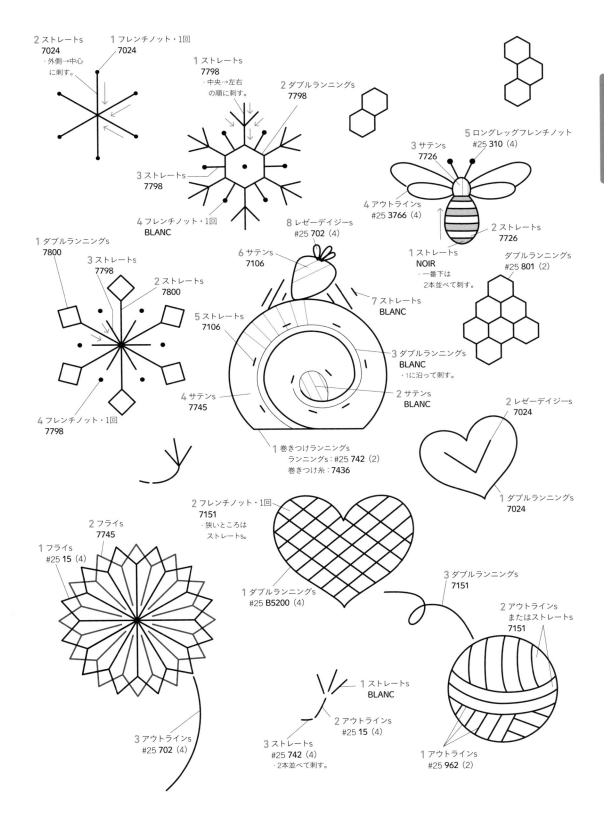

2 ストレートs
7024
・外側→中心
に刺す。

1 フレンチノット・1回
7024

1 ストレートs
7798
・中央→左右
の順に刺す。

2 ダブルランニングs
7798

3 ストレートs
7798

4 フレンチノット・1回
BLANC

8 レゼーデイジーs
#25 702 (4)

3 サテンs
7726

5 ロングレッグフレンチノット
#25 310 (4)

4 アウトラインs
#25 3766 (4)

2 ストレートs
7726

1 ストレートs
NOIR
・一番下は
2本並べて刺す。

ダブルランニングs
#25 801 (2)

1 ダブルランニングs
7800

3 ストレートs
7798

2 ストレートs
7800

4 フレンチノット・1回
7798

6 サテンs
7106

5 ストレートs
7106

7 ストレートs
BLANC

3 ダブルランニングs
BLANC
・1に沿って刺す。

2 サテンs
BLANC

4 サテンs
7745

1 巻きつけランニングs
ランニングs：#25 742 (2)
巻きつけ糸：7436

2 レゼーデイジーs
7024

1 ダブルランニングs
7024

2 フライs
7745

1 フライs
#25 15 (4)

2 フレンチノット・1回
7151
・狭いところは
ストレートs。

1 ダブルランニングs
#25 B5200 (4)

3 ダブルランニングs
7151

2 アウトラインs
またはストレートs
7151

3 アウトラインs
#25 702 (4)

1 ストレートs
BLANC

2 アウトラインs
#25 15 (4)

3 ストレートs
#25 742 (4)
・2本並べて刺す。

1 アウトラインs
#25 962 (2)

小さき、愛しいものたち

図案 >> P.58

デザイン・制作…矢澤こずえ

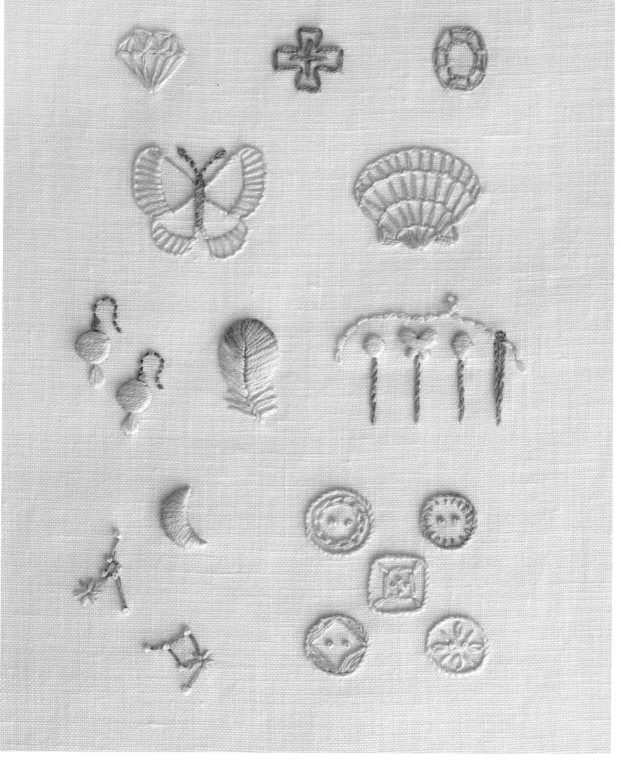

布…カラーリネン（117 ミルク・ホワイト）／fabric bird

とある港街の風景

図案 >> P.59

デザイン・制作…矢澤こずえ

布…カラーリネン（117 ミルク・ホワイト）／fabric bird

小さき、愛しいものたち

・糸は25番刺しゅう糸／DMC。
・ページ左下「糸のブレンドレシピ」を参照し、糸は色を組み合わせて使用。
・図案の見方はP.18参照。

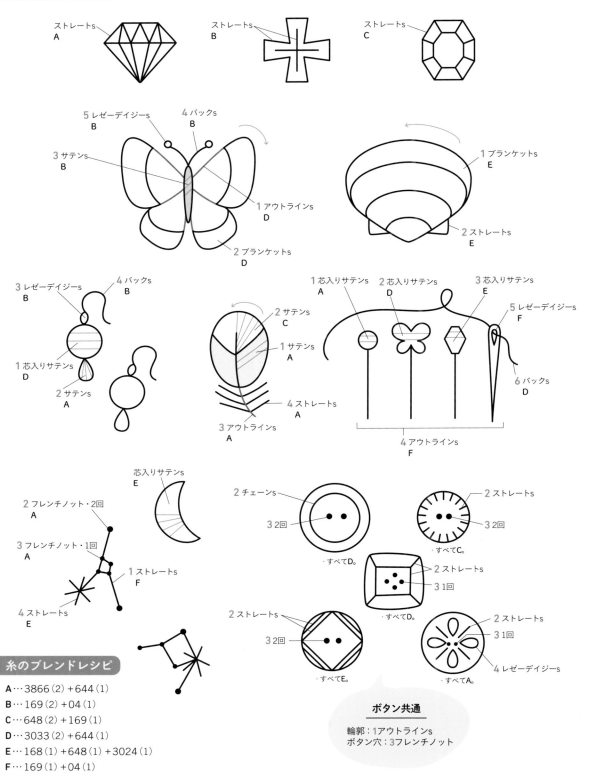

糸のブレンドレシピ

A‥‥3866（2）+644（1）
B‥‥169（2）+04（1）
C‥‥648（2）+169（1）
D‥‥3033（2）+644（1）
E‥‥168（1）+648（1）+3024（1）
F‥‥169（1）+04（1）

糸のブレンドの方法 >> P.15

ボタン共通

輪郭：1アウトラインs
ボタン穴：3フレンチノット

とある港街の風景

- 糸は指定以外、25番刺しゅう糸。#5＝5番刺しゅう糸／ともにDMC。5番刺しゅう糸はE以外すべて1本どり。
- ページ左下「糸のブレンドレシピ」を参照し、糸は色を組み合わせて使用。
- 図案の見方はP.18参照。

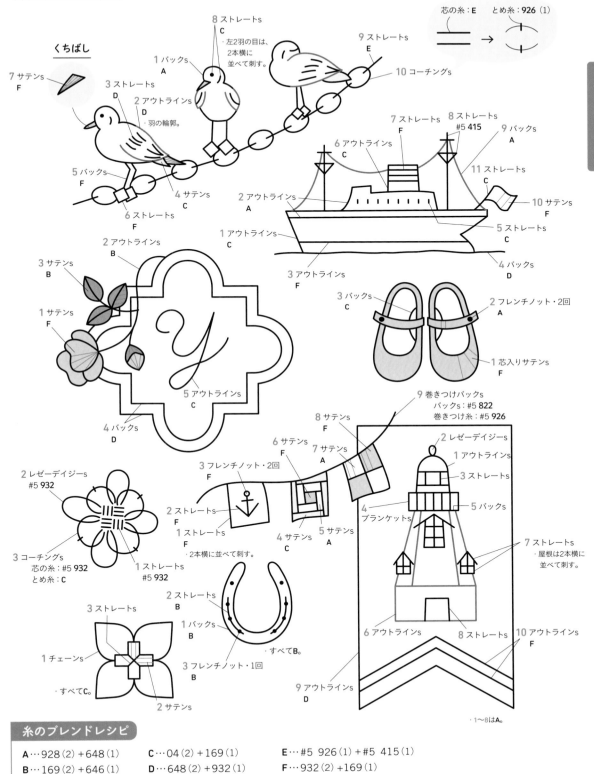

フランス刺しゅう

糸のブレンドレシピ

A···928（2）＋648（1）	C···04（2）＋169（1）	E···#5 926（1）＋#5 415（1）
B···169（2）＋646（1）	D···648（2）＋932（1）	F···932（2）＋169（1）

糸のブレンドの方法 >> P.15

こども船長の小さな宝もの

図案 >> P.62

デザイン・制作…矢澤こずえ

布…カラーリネン（117 ミルク・ホワイト）／fabric bird

刺しゅう小物にArrange

海とアルファベットのピンクッション3種

P.64、65のアルファベットと、海のモチーフを組み合わせて図案のアレンジを。
ピンクッションの縁には、フレンチノットをお好みの位置に飾って。
ラベンダーを詰めて、香りを楽しむサシェにしても◎。

図案 >> P.63 | How to make >> P.172

デザイン・制作…矢澤こずえ

こども船長の小さな宝もの

- 糸は指定以外、25番刺しゅう糸。#5＝5番刺しゅう糸／ともにDMC。5番刺しゅう糸は指定以外1本どり。
- ページ左下「糸のブレンドレシピ」を参照し、糸は色を組み合わせて使用。
- 図案の見方はP.18参照。

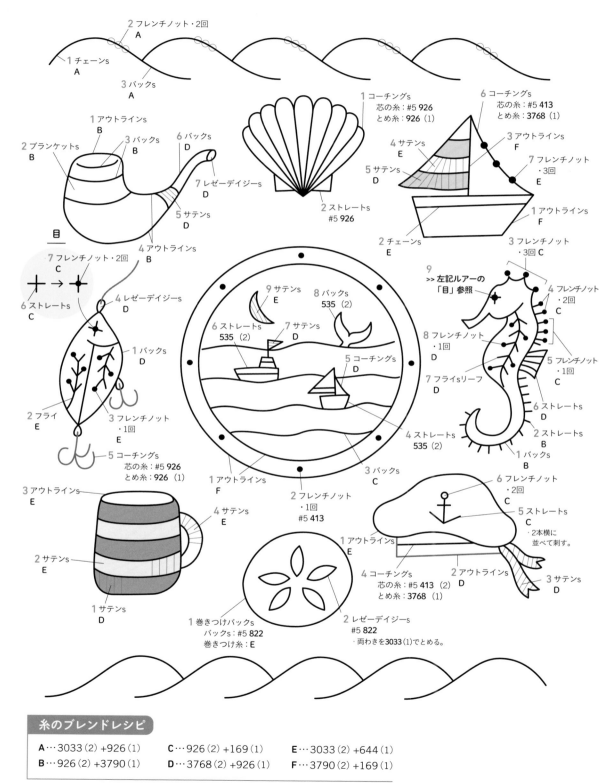

糸のブレンドレシピ

| A…3033（2）+926（1） | C…926（2）+169（1） | E…3033（2）+644（1） |
| B…926（2）+3790（1） | D…3768（2）+926（1） | F…3790（2）+169（1） |

糸のブレンドの方法 >> P.15

・糸は指定以外、25番刺しゅう糸。#5＝5番刺しゅう糸／ともにDMC。5番刺しゅう糸はすべて1本どり。
・ページ右下「糸のブレンドレシピ」を参照し、糸は色を組み合わせて使用。
・図案の見方はP.18参照。

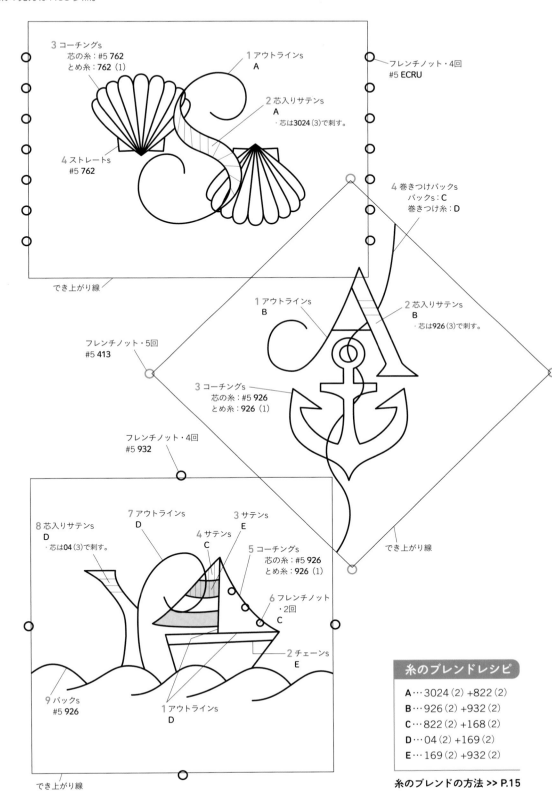

糸のブレンドレシピ

A…3024(2)＋822(2)
B…926(2)＋932(2)
C…822(2)＋168(2)
D…04(2)＋169(2)
E…169(2)＋932(2)

糸のブレンドの方法 >> P.15

フランス刺しゅう

アルファベットと、ひみつの庭での植物採集

図案 >> P.66・67

デザイン・制作…矢澤こずえ

・糸は25番刺しゅう糸／DMC。
・右ページ「糸のブレンドレシピ」を参照し、糸は色を組み合わせて使用。
・図案の見方はP.18参照。

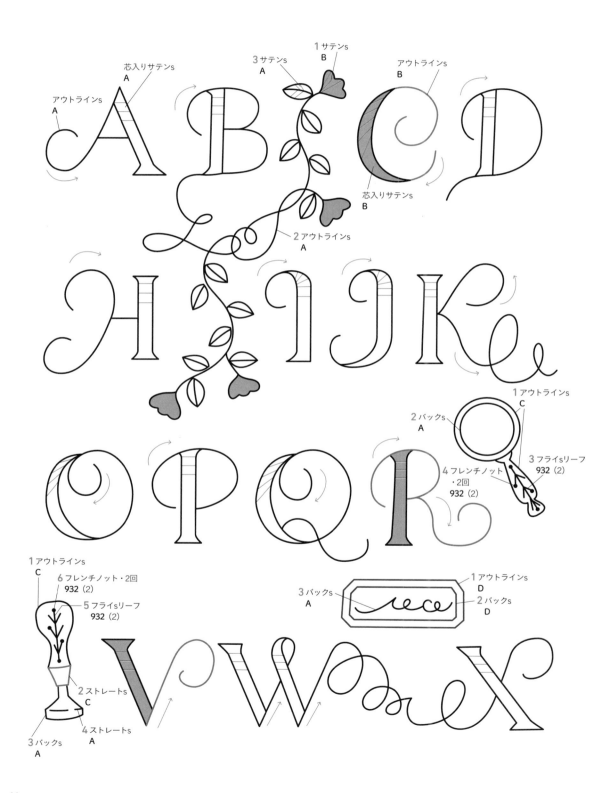

糸のブレンドレシピ

A…169(2)+04(1)
B…322(2)+932(1)
C…932(2)+169(1)
D…926(2)+322(1)

糸のブレンドの方法 >> P.15

3 バックs
A

ストレートs

ストレートs

4 ストレートs
2 バックs
1 アウトラインs
5 フレンチノット
・2回
3 アウトラインs
・すべてC。

2 バックs
1 アウトラインs
3 レゼーデイジーs
・すべてB。

1 サテンs
C
2 フレンチノット
・3回

1 芯入りサテンs
B

3 フライsリーフ
A

4 アウトラインs
A

2 レゼーデイジーs
B

1 ストレートs
C

2 アウトラインs
C

5 ストレートs
A
3 サテンs
A
4 アウトラインs
A

1 ストレートs
D
2 ストレートs
A
4 ストレートs
D
3 アウトラインs
A
5 レゼーデイジーs
D

青いノエルの準備

図案 >> P.69

デザイン・制作…矢澤こずえ

布…カラーリネン（107 ローモンド・ブルー）／fabric bird

- 糸は25番刺しゅう糸／DMC。
- ページ左下「糸のブレンドレシピ」を参照し、糸は色を組み合わせて使用。
- 図案の見方はP.18参照。

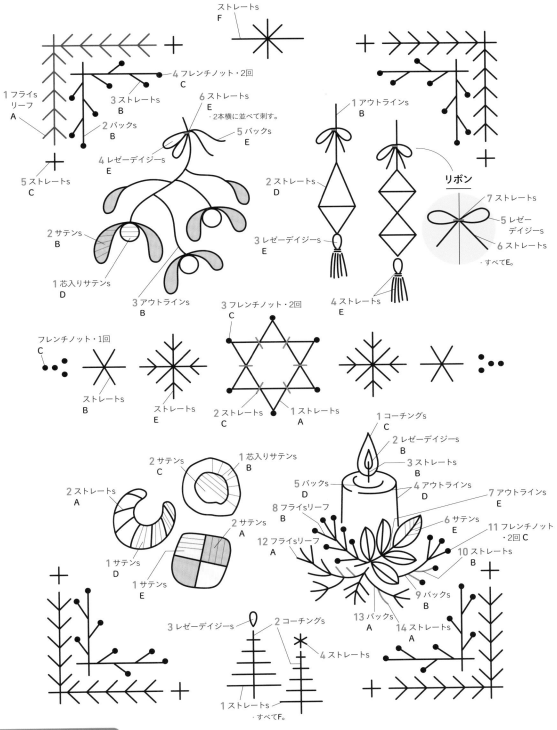

ストレートs
F

4 フレンチノット・2回
C

3 ストレートs
B

6 ストレートs
E
・2本横に並べて刺す。

5 バックs
E

1 フライs
リーフ
A

2 バックs
B

4 レゼーデイジーs
E

5 ストレートs
C

2 サテンs
B

1 芯入りサテンs
D

3 アウトラインs
B

1 アウトラインs
B

2 ストレートs
D

3 レゼーデイジーs
E

リボン

7 ストレートs

5 レゼー
デイジーs

6 ストレートs
・すべてE。

4 ストレートs
E

フレンチノット・1回
C

ストレートs
B

ストレートs
E

3 フレンチノット・2回
C

2 ストレートs
C

1 ストレートs
A

2 サテンs
C

1 芯入りサテンs
B

2 ストレートs
A

2 サテンs
A

1 サテンs
D

1 サテンs
E

3 レゼーデイジーs

2 コーチングs

4 ストレートs

1 ストレートs
・すべてF。

1 コーチングs
C

2 レゼーデイジーs
B

3 ストレートs
B

4 アウトラインs
D

5 バックs
D

7 アウトラインs
E

8 フライsリーフ
B

6 サテンs
E

11 フレンチノット
・2回 C

12 フライsリーフ
A

10 ストレートs
B

9 バックs
B

13 バックs
A

14 ストレートs
A

フランス刺しゅう

糸のブレンドレシピ

A…3768(2)+3781(1)　　C…322(2)+3768(1)　　E…3768(2)+322(1)
B…3768(2)+04(1)　　　D…648(2)+642(1)　　　F…648(2)+644(1)

糸のブレンドの方法 >> P.15

どうぶつ

図案 >> P.72

デザイン・制作…こむらたのりこ

布…カラーリネン（117 ミルク・ホワイト）／fabric bird

森の時間

図案 >> P.73

デザイン・制作…こむらたのりこ

布…国産仕様リネン100％広幅キャンバス（113 アイボリー）／たけみや

- 糸は25番刺しゅう糸／DMC。
- 指定以外は1本どり。
- 指定以外、面を埋めるステッチはサテンステッチ、線のステッチはアウトラインステッチ（色番号の後ろに＊）。
- 図案の見方はP.18参照。

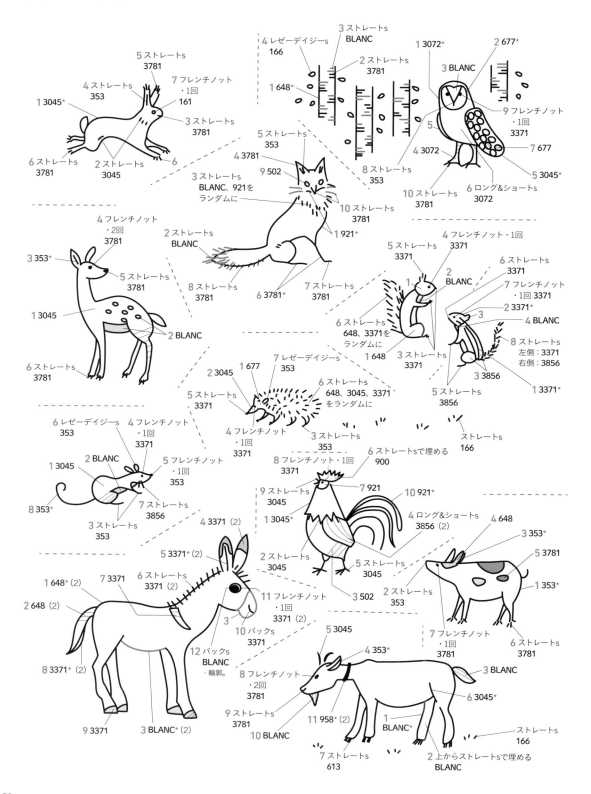

5 ストレートs
3781

7 フレンチノット
・1回
161

4 ストレートs
353

1 3045＊

3 ストレートs
3781

6 ストレートs
3781

2 ストレートs
3045

6

4 レゼーデイジーs
166

1 648＊

3 ストレートs
BLANC

2 ストレートs
3781

1 3072＊

2 677＊

3 BLANC

9 フレンチノット
・1回
3371

5

4 3072

7 677

5 3045＊

6 ロング＆ショートs
3072

10 ストレートs
3781

8 ストレートs
353

5 ストレートs
353

4 3781

9 502

3 ストレートs
BLANC、921を
ランダムに

10 ストレートs
3781

1 921＊

7 ストレートs
3781

6 3781＊

8 ストレートs
3781

2 ストレートs
BLANC

4 フレンチノット
・2回
3781

3 353＊

5 ストレートs
3781

1 3045

2 BLANC

6 ストレートs
3781

5 ストレートs
3371

2 3045

1 677

7 レゼーデイジーs
353

6 ストレートs
648、3045、3371
をランダムに

4 フレンチノット
・1回
3371

3 ストレートs
353

5 ストレートs
3371

4 フレンチノット・1回
3371

2
BLANC

1

6 ストレートs
3371

7 フレンチノット
・1回 3371

2 3371＊

3

4 BLANC

8 ストレートs
左側：3371
右側：3856

5 ストレートs
3856

1 3371＊

3 3856

6 ストレートs
648、3371を
ランダムに

1 648

3 ストレートs
3371

ストレートs
166

8 フレンチノット・1回
900

6 ストレートsで埋める
900

6 レゼーデイジーs
353

4 フレンチノット
・1回
3371

2 BLANC

1 3045

5 フレンチノット
・1回
353

7 ストレートs
3856

3 ストレートs
353

8 353＊

8 フレンチノット・1回
3371

9 ストレートs
3045

7 921

10 921＊

1 3045＊

2 ストレートs
3045

5 ストレートs
3045

3 502

4 ロング＆ショートs
3856（2）

4 648

3 353＊

5 3781

1 353＊

2 ストレートs
353

7 フレンチノット
・1回
3781

6 ストレートs
3781

4 3371（2）

5 3371＊（2）

6 ストレートs
3371（2）

11 フレンチノット
・1回
3371（2）

10 バックs
3371

3

12 バックs
BLANC。
・輪郭。

1 648＊（2）

7 3371

2 648（2）

8 3371＊（2）

9 3371

3 BLANC＊（2）

5 3045

4 353＊

8 フレンチノット
・1回
3781

9 ストレートs
3781

10 BLANC

11 958＊（2）

7 ストレートs
613

3 BLANC

6 3045＊

1
BLANC＊

2 上からストレートsで埋める
BLANC

ストレートs
166

- 糸は25番刺しゅう糸／DMC。
- 指定以外は1本どり。
- 指定以外、面を埋めるステッチはサテンステッチ、線のステッチはアウトラインステッチ（色番号の後ろに*）。
- 糸は一部、色を混ぜて使用。　**糸のブレンドの方法 >> P.15**
- 図案の見方はP.18参照。

ページ内共通

「色番号*→色番号」のところは、輪郭をアウトラインs→上からサテンs（またはストレートs）で埋める

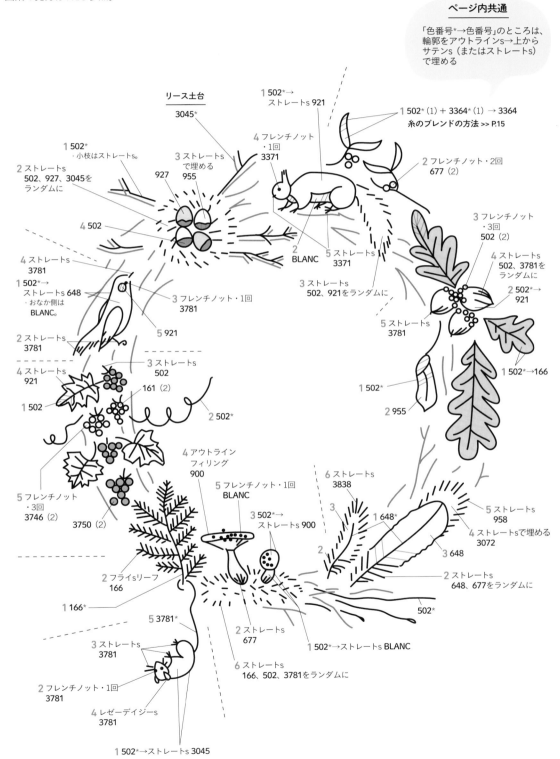

リース土台
3045*

1 502*→
ストレートs 921

1 502* (1) ＋ 3364* (1) → 3364
糸のブレンドの方法 >> P.15

2 フレンチノット・2回
677 (2)

4 フレンチノット・1回
3371

1 502*
・小枝はストレートs。

3 ストレートs
で埋める
955

2 ストレートs
502、927、3045を
ランダムに

927

4 502

3 フレンチノット・3回
502 (2)

4 ストレートs
502、3781を
ランダムに

2 502*→
921

2
BLANC

5 ストレートs
3371

3 ストレートs
502、921をランダムに

5 ストレートs
3781

4 ストレートs
3781

1 502*→
ストレートs 648
・おなか側は
BLANC。

3 フレンチノット・1回
3781

5 921

1 502*→166

1 502*

2 955

2 ストレートs
3781

3 ストレートs
502

4 ストレートs
921

161 (2)

2 502*

1 502

5 フレンチノット
・3回
3746 (2)

3750 (2)

4 アウトライン
フィリング
900

5 フレンチノット・1回
BLANC

3 502*→
ストレートs 900

6 ストレートs
3838

3

2

1 648*

5 ストレートs
958

4 ストレートsで埋める
3072

3 648

2 ストレートs
648、677をランダムに

502*

2 フライsリーフ
166

1 166*

5 3781*

2 ストレートs
677

1 502*→ストレートs BLANC

3 ストレートs
3781

2 フレンチノット・1回
3781

4 レゼーデイジーs
3781

6 ストレートs
166、502、3781をランダムに

1 502*→ストレートs 3045

公園のたのしみ

図案 >> P.76

デザイン・制作…こむらたのりこ

布…カラーリネン（117 ミルク・ホワイト）／fabric bird

山歩きのたのしみ

図案 >> P.77

デザイン・制作…こむらたのりこ

- 糸は25番刺しゅう糸／DMC。
- 指定以外は1本どり。
- 指定以外、面を埋めるステッチはサテンステッチ、線のステッチはアウトラインステッチ（色番号の後ろに＊）。
- 人物の耳と鼻は、指定以外は「ストレートs 951（1）」。
- 図案の見方はP.18参照。

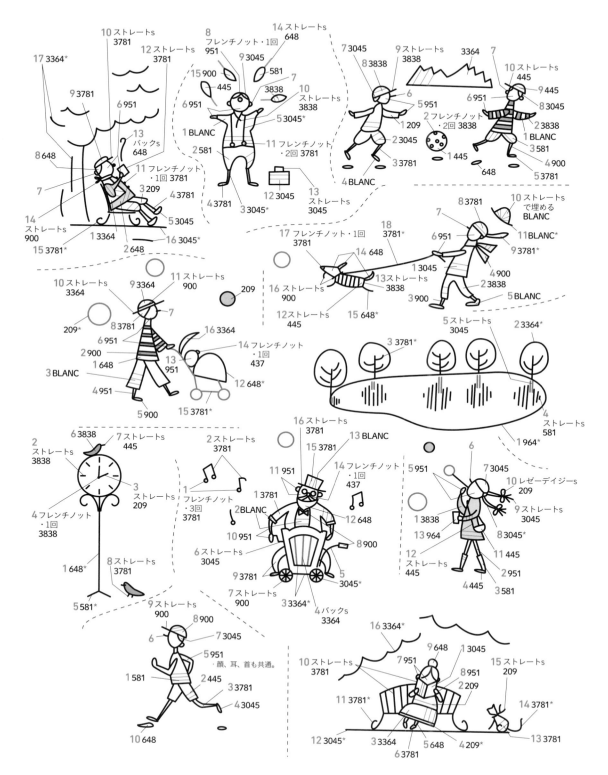

- 糸は25番刺しゅう糸／DMC。
- 指定以外は1本どり。
- 指定以外、面を埋めるステッチはサテンステッチ、線のステッチはアウトラインステッチ（色番号の後ろに＊）。
- 図案の見方はP.18参照。

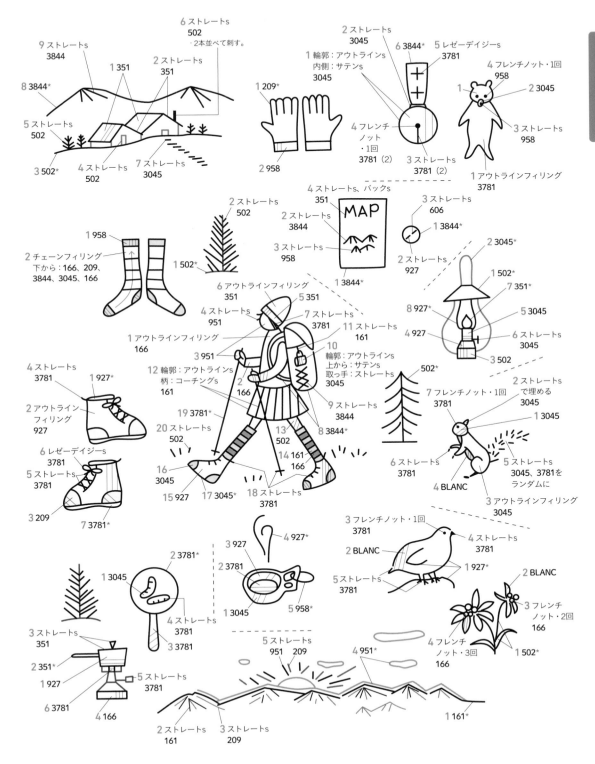

9 ストレートs
3844

6 ストレートs
502
・2本並べて刺す。

1 351

8 3844＊

2 ストレートs
351

5 ストレートs
502

3 502＊

4 ストレートs
502

7 ストレートs
3045

1 209＊

2 958

2 ストレートs
3045

6 3844＊

1 輪郭：アウトラインs
内側：サテンs
3045

4 フレンチ
ノット
・1回
3781（2）

3 ストレートs
3781（2）

5 レゼーデイジーs
3781

4 フレンチノット・1回
958

1

2 3045

3 ストレートs
958

1 アウトラインフィリング
3781

4 ストレートs、バックs
351

2 ストレートs
3844

3 ストレートs
958

MAP

1 3844＊

3 ストレートs
606

1 3844＊

2 ストレートs
927

2 3045＊

1 502＊

7 351＊

8 927＊

5 3045

4 927

6 ストレートs
3045

3 502

2 ストレートs
502

1 502＊

1 958

2 チェーンフィリング
下から：166、209、
3844、3045、166

6 アウトラインフィリング
351

5 351

7 ストレートs
3781

11 ストレートs
161

10
輪郭：アウトラインs
上から：サテンs
取っ手：ストレートs
3045

9 ストレートs
3844

8 3844＊

502＊

7 フレンチノット・1回
3781

2 ストレートs で埋める
3045

1 3045

4 ストレートs
951

1 アウトラインフィリング
166

3 951

12 輪郭：アウトラインs
柄：コーチングs
161

2
166

19 3781＊

20 ストレートs
502

13
502

14 161
166

16
3045

15 927

17 3045＊

18 ストレートs
3781

4 ストレートs
3781

1 927＊

2 アウトライン
フィリング
927

6 レゼーデイジーs
3781

5 ストレートs
3781

3 209

7 3781＊

6 ストレートs
3781

4 BLANC

5 ストレートs
3045、3781を
ランダムに

3 アウトラインフィリング
3045

4 927＊

3 927

2 3781

2 3781＊

1 3045

4 ストレートs
3781

3 3781

5 958＊

3 フレンチノット・1回
3781

2 BLANC

5 ストレートs
3781

4 ストレートs
3781

1 927＊

2 BLANC

3 フレンチ
ノット・2回
166

4 フレンチ
ノット・3回
166

1 502＊

3 ストレートs
351

2 351＊

1 927

5 ストレートs
3781

6 3781

4 166

5 ストレートs
951 209

4 951＊

1 161＊

2 ストレートs
161

3 ストレートs
209

大文字のアルファベット＆リス

図案 >> P.79

デザイン・制作…こむらたのりこ

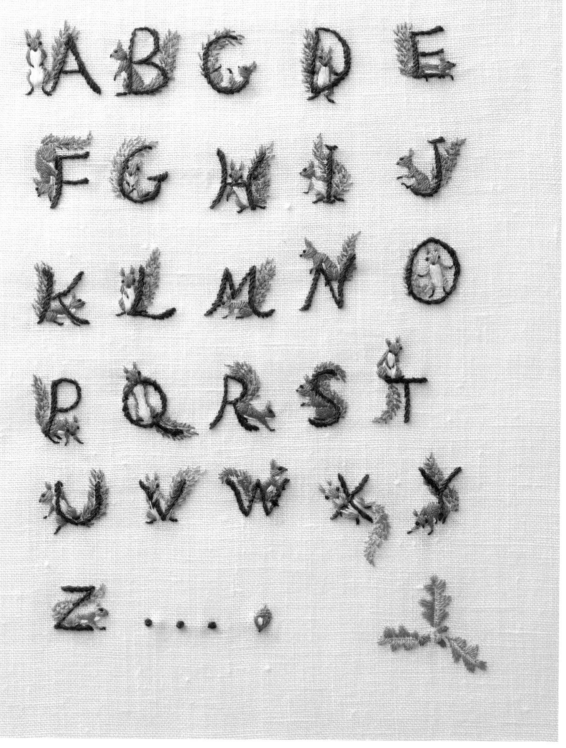

布…カラーリネン（117 ミルク・ホワイト）／fabric bird

- 糸は25番刺しゅう糸／DMC。
- 指定以外は1本どり。
- 面を埋めるステッチは、指定以外はサテンステッチ。
- アルファベットはすべて「アウトラインs 3750（2）」。アルファベット→リスの順に刺す。
- 図案の見方はP.18参照。

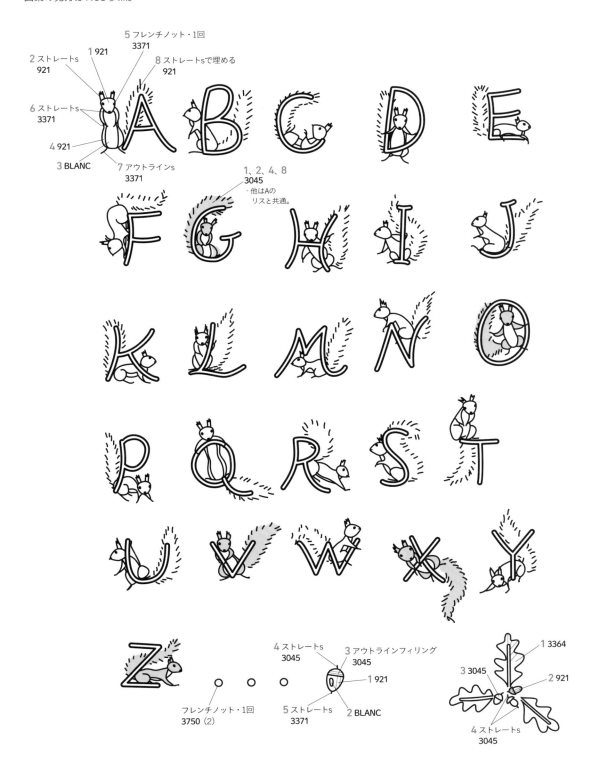

5 フレンチノット・1回
3371

1 921

2 ストレートs
921

8 ストレートsで埋める
921

6 ストレートs
3371

4 921

3 BLANC

7 アウトラインs
3371

1、2、4、8
3045
・他はAの
リスと共通。

4 ストレートs
3045

3 アウトラインフィリング
3045

1 921

2 BLANC

5 ストレートs
3371

フレンチノット・1回
3750（2）

1 3364

3 3045

2 921

4 ストレートs
3045

小文字のアルファベット＆おさる

図案 >> P.81

デザイン・制作…こむらたのりこ

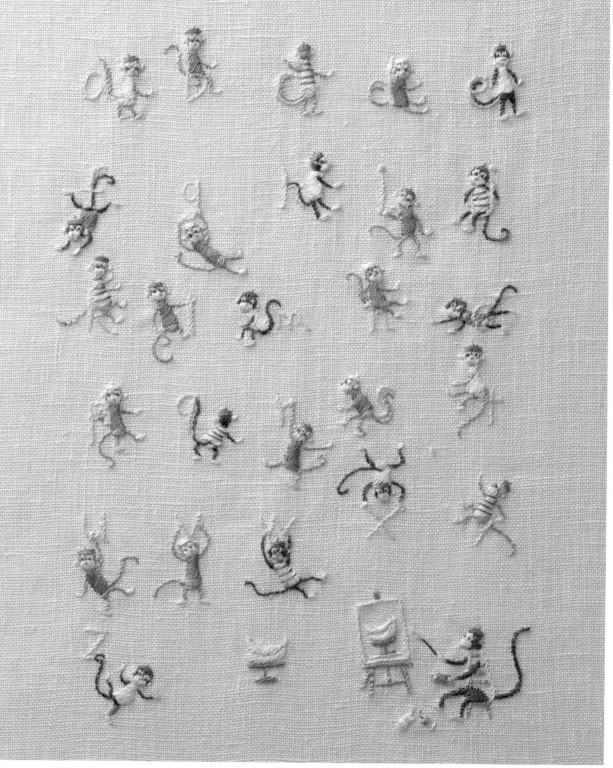

布…国産仕様リネン 100％広幅キャンバス（72 ペールグレー）／たけみや

- 糸は25番刺しゅう糸／DMC。
- 指定以外は1本どり。
- 指定以外、面を埋めるステッチはサテンステッチ、線のステッチはアウトラインステッチ（色番号の後ろに＊）。
- おさるの毛色…e、f、h、j、m、o、q、w、x、zは**3781**、それ以外は**3045**。
- アルファベットは、指定以外は「アウトラインs　726（2）」。アルファベット→おさるの順に刺す。
- 図案の見方はP.18参照。

6 ストレートs
3746

2 3856　　1 3045

11 3045＊　　5 3746

8 3856

9 3045＊

7 955

10 3856

5、6 351

7 3746

3 フレンチノット・1回
3781　　・目。
4 フレンチノット・1回
437　　・鼻。

5、6 3746

7 955

7′ ストレートs
351

5、6 955

7 351

フレンチノット・2回
726（2）

9 フレンチノット・1回
3045　　3781　　・目。
11 ストレートs
3856　　2 3856
726
・顔、耳。
613＊
3045＊

10 フレンチノット・1回
3856　　・鼻。
4 ストレートs
351
3 351　　1 3781
6
3746＊　　12 3781＊

3045
726
3746

5 955＊

14 3045＊

13 ストレートs
3045
・2本並べて刺す。

7 3746
8 3856
613

1 726

2 3746＊

3 ストレートs
3746
・キャンバス内も
同様に刺す。

ストレートs
3781

3045

81

フェルトで楽しむアップリケ❶

図案 >> P.83

デザイン・制作…こむらたのりこ

 布…国産仕様リネン100％広幅キャンバス（NN ナチュラル）／たけみや

- 糸は25番刺しゅう糸／DMC。
- 指定以外は1本どり。
- 指定以外、面を埋めるステッチはサテンステッチ、線のステッチはアウトラインステッチ（色番号の後ろに＊）。
- 図案の見方はP.18参照。

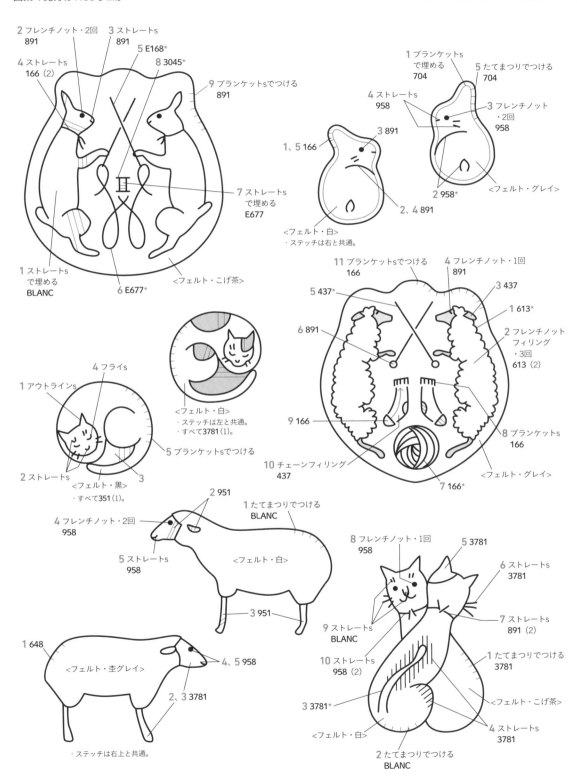

フェルトに刺しゅうをする方法 >> P.87

2 フレンチノット・2回 891
3 ストレートs 891
4 ストレートs 166（2）
5 E168＊
8 3045＊
9 ブランケットsでつける 891
7 ストレートs で埋める E677
1 ストレートs で埋める BLANC
6 E677＊
＜フェルト・こげ茶＞

1 ブランケットs で埋める 704
5 たてまつりでつける 704
4 ストレートs 958
3 フレンチノット ・2回 958
1、5 166
3 891
2 958＊
＜フェルト・グレイ＞
2、4 891
＜フェルト・白＞
・ステッチは右と共通。

11 ブランケットsでつける 166
4 フレンチノット・1回 891
5 437＊
6 891
3 437
1 613＊
2 フレンチノット フィリング ・3回 613（2）
9 166
8 ブランケットs 166
10 チェーンフィリング 437
7 166＊
＜フェルト・グレイ＞

1 アウトラインs
4 フライs
2 ストレートs
5 ブランケットsでつける
3
・すべて351（1）。
＜フェルト・黒＞
＜フェルト・白＞
・ステッチは左と共通。
・すべて3781（1）。

2 951
1 たてまつりでつける BLANC
4 フレンチノット・2回 958
5 ストレートs 958
＜フェルト・白＞
3 951

8 フレンチノット・1回 958
5 3781
6 ストレートs 3781
7 ストレートs 891（2）
9 ストレートs BLANC
10 ストレートs 958（2）
1 たてまつりでつける 3781
3 3781＊
＜フェルト・こげ茶＞
4 ストレートs 3781
2 たてまつりでつける BLANC
＜フェルト・白＞

1 648
＜フェルト・杢グレイ＞
4、5 958
2、3 3781
・ステッチは右上と共通。

83

フェルトで楽しむアップリケ❷

図案 >> P.86

デザイン・制作…こむらたのりこ

布…国産仕様リネン100％広幅キャンバス（NN ナチュラル）／たけみや

刺しゅう小物にArrange

マスコットブローチ2種

P.84のアップリケをアレンジ。
フェルトを2枚合わせにして綿を詰め、ブローチピンをつけました。
ピンの代わりに吊りひもをつけてチャームにしても。

図案 >> P.86 | How to make >> P.170

デザイン・制作…こむらたのりこ

・糸は25番刺しゅう糸／DMC。
・指定以外は1本どり。
・指定以外、面を埋めるステッチはサテンステッチ、線のステッチはストレートステッチ（色番号の後ろに＊）。
・図案の見方はP.18参照。

フェルトに刺しゅうをする方法 >> P.87

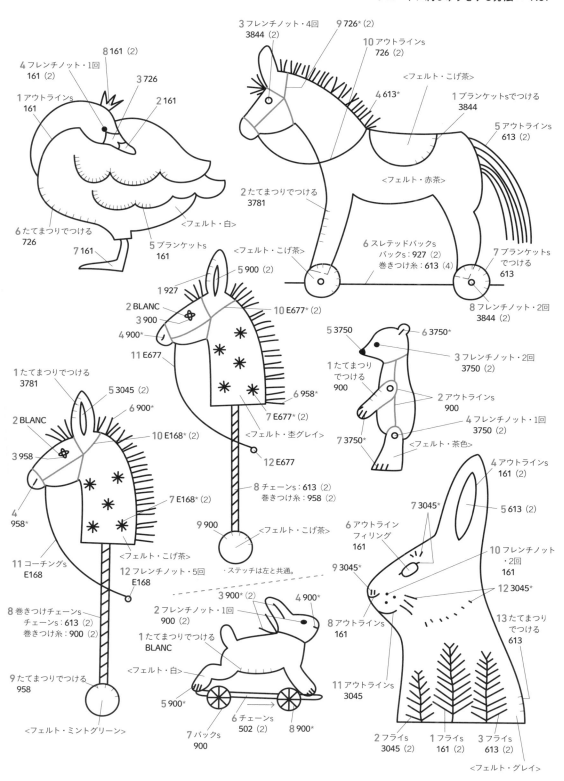

3 フレンチノット・4回
3844 (2)
9 726* (2)
10 アウトラインs
726 (2)

8 161 (2)
4 フレンチノット・1回
161 (2)
3 726
2 161
1 アウトラインs
161
4 613*
<フェルト・こげ茶>
1 ブランケットsでつける
3844
5 アウトラインs
613 (2)

6 たてまつりでつける
726
5 ブランケットs
161
7 161
<フェルト・白>
2 たてまつりでつける
3781
<フェルト・赤茶>

6 スレテッドバックs
バックs：927 (2)
巻きつけ糸：613 (4)
7 ブランケットs
でつける
613
8 フレンチノット・2回
3844 (2)

5 900 (2)
1 927
2 BLANC
3 900
4 900*
11 E677
10 E677* (2)
<フェルト・こげ茶>

5 3750
6 3750*
3 フレンチノット・2回
3750 (2)
1 たてまつり
でつける
900
2 アウトラインs
900
4 フレンチノット・1回
3750 (2)
7 3750*
<フェルト・茶色>

6 958*
7 E677* (2)
<フェルト・杢グレイ>
12 E677
8 チェーンs：613 (2)
巻きつけ糸：958 (2)
9 900
<フェルト・こげ茶>
・ステッチは左と共通。

1 たてまつりでつける
3781
5 3045 (2)
6 900*
2 BLANC
3 958
10 E168* (2)
7 E168* (2)
4
958*
11 コーチングs
E168
12 フレンチノット・5回
E168
<フェルト・こげ茶>

8 巻きつけチェーンs
チェーンs：613 (2)
巻きつけ糸：900 (2)
9 たてまつりでつける
958
<フェルト・ミントグリーン>

3 900* (2)
4 900*
2 フレンチノット・1回
900 (2)
1 たてまつりでつける
BLANC
<フェルト・白>
5 900*
7 バックs
900
6 チェーンs
502 (2)
8 900*

4 アウトラインs
161 (2)
5 613 (2)
7 3045*
6 アウトライン
フィリング
161
9 3045*
10 フレンチノット
・2回
161
12 3045*
8 アウトラインs
161
13 たてまつり
でつける
613
11 アウトラインs
3045
2 フライs
3045 (2)
1 フライs
161 (2)
3 フライs
613 (2)
<フェルト・グレイ>

86

\ 図案が写りにくい /
フェルトに刺しゅうをする方法

やわらかく表面が毛羽立っているフェルトは手芸用複写紙で図案を写しにくいため、薄紙を利用します。薄紙に図案を写してフェルトに仮どめし、薄紙の上から刺していきます。毛足の長いウール地などでも活用できる方法です。

用意するもの

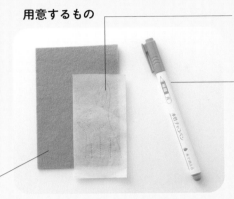

薄紙
刺しゅうをしている途中でも破れず、手で破りやすいものが◎。本書ではエアメール用の便せんを使用。

チャコペン（水で消えるタイプ）
図案を鉛筆で写すと、刺しているときにこすれて手やフェルトが汚れやすいので、水で落とせるチャコペンを。／クロバー

フェルト
厚さ1mmのものを。あればウォッシャブルタイプが丈夫なのでおすすめ。

その他
しつけ糸、25番刺しゅう糸、フランス刺しゅう針、まち針、はさみ

＊P.84「うさぎ」で解説。

しつけ
薄紙
フェルト

1 チャコペンで図案を写した薄紙をフェルトにのせ、輪郭のまわりをしつけ糸で仮どめする。

面を埋める部分は輪郭のみを刺しておきます

サテンステッチなどを刺すと、刺した部分の薄紙が取り除けなくなってしまいます。輪郭のみを刺しておき、薄紙を取り除いてから面を埋めます。

端まで刺さず、少し手前でストップ

図案が端まである部分は、カットしてしまわないように、輪郭線の少し手前に針を入れて刺し終わるようにします。

2 線のステッチの刺しゅうをし、輪郭線に沿って薄紙ごとフェルトをカットする。
＊薄紙を取り除くときにステッチがゆるまないように、刺し始めは玉結び・刺し終わりは玉どめでしっかりと固定する。

3 手で破って薄紙を取り除く。このとき、ステッチの糸が浮き上がらないように押さえながらていねいに破く。

4 ステッチとステッチの間の細かい部分の薄紙は、針先やピンセットを使って取り除く。

5 薄紙をすべて取り除いたら、残しておいたサテンステッチなどの部分を刺す。

布・表側

6 ステッチをよけて、布にまち針でとめる。指定の糸でフェルトの縁をたてまつり（P.171）で縫いとめる。

\ でき上がり！ /

- 糸は25番刺しゅう糸／DMC。
- P.46「お花畑」の配置と糸色をアレンジ（ここでは糸の色番号のみ記載）。下草と小花はバランスを見ながら好きな位置に、好みの数を刺してもOKです。　**ステッチ名などの指定 >> P.48**
- 図案の見方はP.18参照。

フープパネルの仕立て方 >> P.169

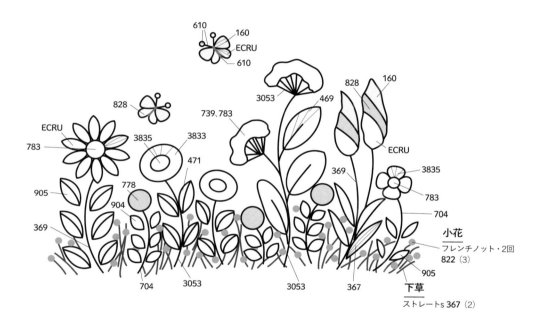

布…国産使用リネン100％広幅キャンバス（74 ペールイエロー）／たけみや

3 スタンプワーク

スタンプワークとは

「立体刺しゅう」ともいわれ、17世紀にイギリスで流行した伝統的な刺しゅうです。ステッチの中に詰め物をしたり、糸を絡ませてステッチを立ち上がらせたりするのが特徴。ふさふさや、ふっくらとした独特な質感が加わることで、表現の幅がぐんと広がります。

図案 >> P.106 デザイン・制作…suzu

スタンプワークのステッチのキホン

＊針は指定以外は「フランス刺しゅう針」、糸をすくうステッチのときは「クロスステッチ針」、ウール刺しゅう糸のときは「リボン刺しゅう針」を使用します。

＊刺し始めと刺し終わりは、指定以外、フランス刺しゅうと同様。近くに絡める針目がない場合とウール刺しゅう糸の場合は、玉結び・玉どめで始末します。**刺し始めと刺し終わりのキホン >> P.16**

＊工程内のステッチ名は「・・・s」と省略。

葉のような形を作るステッチ
レイズドリーフステッチ

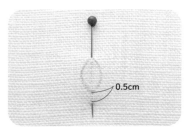

1 図案の上端からまち針を入れ、下端の0.5cm離れた位置から出す。

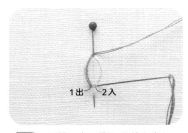

2 下端の左の際から針を出し、糸をまち針にかけ、下端の右の際に入れる。

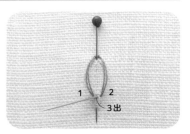

3 図案の下端から針を出す。

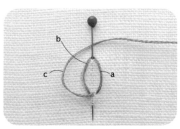

4 糸をまち針にかける。まち針にかかっている糸3本が芯糸になる。

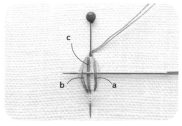

5 クロスステッチ針に替える。両端の芯糸a・bをすくい、糸を上側に引いて締める。

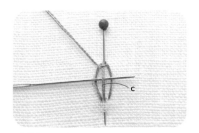

6 反対側から中央の芯糸cをすくう。⑤、⑥を繰り返す。

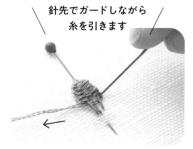

針先でガードしながら糸を引きます

7 左右対称になるように形を整えながら、糸の引き加減で幅を調整する。引きすぎないように、図案線上を針先で押さえながら糸を引く。

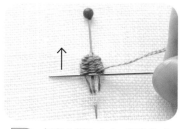

8 何段か通したら、芯糸をすくった状態で針を上側に詰めて目を整える。

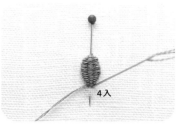

9 最後は、フランス刺しゅう針に戻し、下端（まち針の右側）に針を入れる。

＊糸始末をしてから、まち針を抜く。

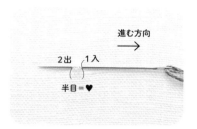

Arrange

ループのままでも、カットしても楽しめます
スミルナステッチ

1目の幅は0.5cm前後。カットしてふわ
ふわにする場合は、細かく、密に刺すよ
うにします。

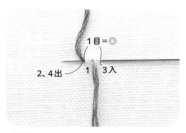

進む方向 →

2出　1入

半目 = ♥

1目 = ◎

2、4出　　1　3入

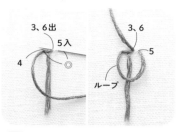

3、6出　5入　　3、6

4　　◎　　5

ループ

1 図案の始まり位置の**2**より半目分先の**1**に針を入れ、戻って**2**から出す。

2 **2**より1目分先に針を入れ、**2**と同じ針穴から出す。

3 **4**より1目分先に針を入れ、ループを作って**3**と同じ針穴から出す。

＊ループの長さは図案に記載。
＊ループをカットする場合は、仕上げたい長さよりも少し長めにする。

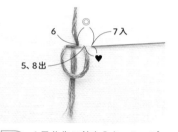

6　　◎　　7入

5、8出　　♥

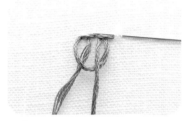

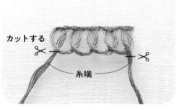

カットする

糸端

4 1目分先に針を入れ、ループを作りながら半目分戻る。

＊同じ針穴から針を出すとループが抜けてしまうことがあるので、**8**は**5**の際から出す。

5 ループの長さを揃えながら、④を繰り返す。

6 1段刺し終わったところ。糸端をループの長さに合わせてカットする。

進む方向 →

Arrange カットする場合

7 1段めのすぐ上側に、2段めを①〜⑥と同様に刺す。

8 4段刺し終わったところ。ループ状のスミルナsのでき上がり。

＊糸端はループに隠れる位置に移動させ、飛び出る部分はカットする。
＊糸端を裏側で始末する方法（P.97・⑬、⑭）もある。

ループをカットして好みの長さに整える。

＊刺し始めと終わりの糸端は、表側に出したままの状態で切り揃える。

Arrange ほぐして、ふわふわに！

1 ループをカットし、糸の撚りをほどくようにして針先で少しずつほぐす。

2 少しずつカットしてほぐすのを繰り返しながら、仕上げたい長さ・形に整える。

ネット状のループ模様ができるステッチ

ディタッチトボタンホールステッチ

1 図案の輪郭をバックs（P.20）で刺す。

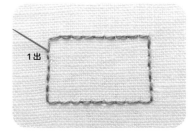

1出

2 左側のバックsの1目めと2目めの間から針を出す。

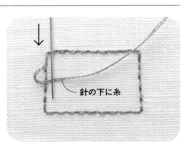

針の下に糸

3 クロスステッチ針に替える。上側の1目めのバックsの糸にくぐらせ、針の下に糸をかける。

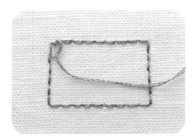

4 ループの長さ＝バックsの長さになるように糸を引く。ボタンホールs1目ができたところ。

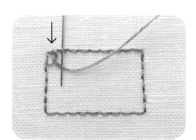

5 右隣のバックsの糸にくぐらせて糸をかけるのを、右端まで繰り返す。

ループの大きさが揃うように、糸の引き加減を統一します

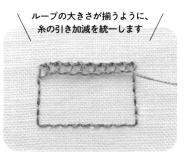

6 1段刺し終わったところ。

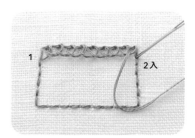

1
2入

7 右側のバックsの1目めと2目めの間に針を入れる。

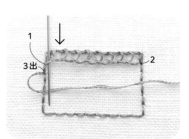

1
3出
2

8 左側のバックsの2目めと3目めの間から針を出し、1目めのボタンホールsの糸にくぐらせて糸をかける。同じ要領で繰り返す。
＊2段めの終わりは、右側のバックsの2目めと3目めの間に針を入れる。

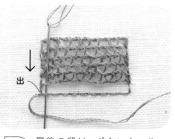

出

9 最後の段は、ボタンホールsの糸と下側のバックsの糸に一緒にくぐらせて糸をかける。右端まで繰り返す。

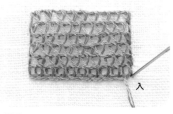

入

10 フランス刺しゅう針に戻し、最後はバックsの右下の角に針を入れる。

知っておきたい

2つのボタンホールステッチの図案の見方

ディタッチトボタンホールステッチと芯入りボタンホールステッチの図案では、"破線の数＝土台となるバックステッチの数"になります。布に写すときは実線でOK。「ℓ」でボタンホールsの数も表記しているので参考にしてください。

[補足図]

1段め＝3目、2段め＝4目という感じに「ℓ」の数のボタンホールsを刺します

上側＝7目、下側＝6目バックs

芯糸を渡してボタンホールステッチ

芯入りボタンホールステッチ

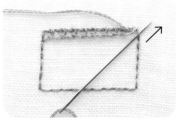

1 P.92・①～⑥と同様にしてボタンホールsを刺す。1段めの最後は、右側の1目めのバックsの糸にくぐらせる。

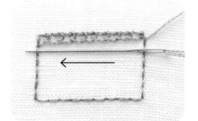

2 左右のバックsの2目めに針をくぐらせて、芯になる糸を渡す。

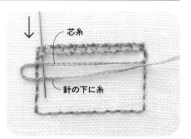

芯糸

針の下に糸

3 1段めの1目めのボタンホールsの糸と芯糸に一緒にくぐらせ、針の下に糸をかける。同じ要領で繰り返す。

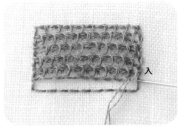

入

4 最後から2段めの終わりは、右側のバックsのステッチとステッチの間に針を入れる。

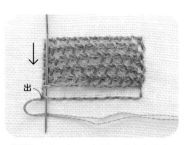

出

5 バックsの左下の角から針を出し、最後の段はボタンホールsの糸と下側のバックsの糸に一緒にくぐらせて糸をかける。

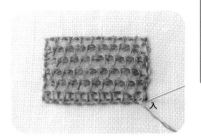

入

6 フランス刺しゅう針に戻し、最後はバックsの右下の角に針を入れる。

スタンプワーク

ステッチ

知っておきたい

ディタッチトボタンホールステッチと芯入りボタンホールステッチの違い

どちらもループが絡み合った編み地のような仕上がりになるステッチですが、芯入りボタンホールステッチは、より目の詰まったしっかりした仕上がりになります。本書では、図案の形や大きさによってより刺しやすい方を指定しています。

ディタッチトボタンホールステッチ

隙間をあけてゆったりと刺し、レース編みのような透け感のある仕上がりに。

>> 作品P.102

芯入りボタンホールステッチ

詰め物の入れ方 >> P.96

ギュッと目を詰めると透けにくく、詰め物をするのにも向いています。

>> 作品P.98

コイル状に仕上がるステッチ
ロールステッチ

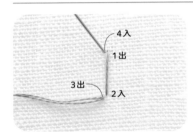

1 芯になる糸を2本並べて刺す。3は2の際から出し、1の際に4を入れる。

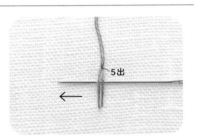

2 芯糸の上端の際から針を出す。クロスステッチ針に替え、芯糸2本にくぐらせて糸を巻いていくのを繰り返す。

糸どうしが重ならないように巻きつけます

3 糸のねじれを直しながら巻きつけ、途中、針先で巻きつけた糸を上に詰めて整える。

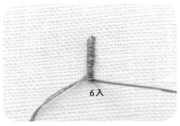

4 最後はフランス刺しゅう針に戻し、根元(芯糸の下端の際)に針を入れる。

芯糸に絡ませながらアウトラインステッチ
レイズドステムステッチ

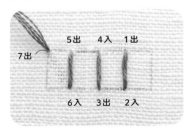

1 右→左にストレートステッチ(P.22)で芯糸を刺し、図案の左角の7から針を出す。

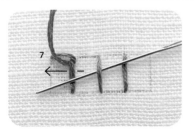

2 クロスステッチ針に替える。左から1本めの芯糸にくぐらせ、続けて2本めの芯糸にくぐらせる。

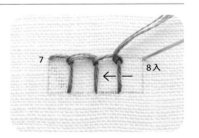

3 3本めの芯糸にくぐらせ、図案の右角の8に針を入れる。

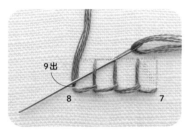

4 布の上下を逆にする。1段めの際・9から針を出し、1本めの芯糸にくぐらせる。
＊2段めの終わりは、7の際に針を入れる。

5 1段ごとに上下を逆にしながら、同じ要領で2〜4を繰り返す。途中、針先で目を上に詰めて整える。

6 最後は図案の右角に針を入れる。

ループのままでも、カットしても楽しめます
タッセルステッチ

1 指2、3本に糸を指定の回数巻きつける。

＊巻きつける回数は図案に記載。

2 とめ糸を針に通して玉結びをする。図案の下側の点（★）から針を出し、再び★に入れて①の中央に巻きつける。

3 ②と同様にもう1周巻きつけて縫いとめる。

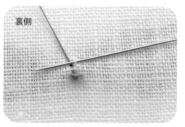

裏側

4 ゆるまないように、裏側で糸の根元の織り糸を1、2本すくう。

5 図案の上側の点（◎）から針を出す。

6 束ねた糸を二つ折りにし、◎に針を出し入れして2周巻きつける。

7 裏側で玉どめをする。ループ状のタッセルsのでき上がり。

＊糸端は、ループに隠れる位置に移動させ、飛び出る部分はカットする。

Arrange カットする場合

ループをカットして好みの長さに整える。

Arrange ほぐして、ふわふわに！

1 ループをカットし、糸の撚りをほどくようにして針先で少しずつほぐす。

2 少しずつカットしてほぐすのを繰り返しながら、仕上げたい長さ・形に整える。

Lesson

刺してみましょう！

 P.98 黄色い花

図案

・糸は25番刺しゅう糸／DMC。

図案の見方 >> P.18
実物大図案 >> P.100

下準備

・布に図案を写す。

図案の写し方のキホン >> P.12

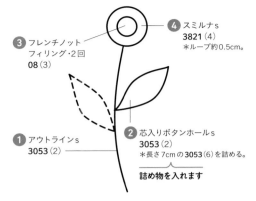

③ フレンチノット
フィリング・2回
08（3）

④ スミルナ s
3821（4）
＊ループ約0.5cm。

① アウトライン s
3053（2）

② 芯入りボタンホール s
3053（2）
＊長さ7cmの3053（6）を詰める。

詰め物を入れます

＊刺し始めと刺し終わりの始末はフランス刺しゅうと同様。 >> P.16
＊工程内のステッチ名は「・・・s」と省略。

アウトライン s

Step1 茎をステッチする

芯入りボタンホール s

Step2 葉をステッチする

[補足図]

ボタンホール s は5段。1段め
は、2目めと3目めのバックス
テッチの間から針を出し、5目
刺します。

バック s は破線の数、上側・
下側ともに9目ずつ。

1 3053（緑）・2本どりでアウト
ライン s を刺す。

2 3053（緑）・2本どりで芯入り
ボタンホール s を刺す。輪郭
をバック s で刺し、上側の2目めと3
目めの間から針を出す。

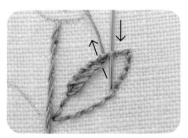

3 ボタンホール s を1段刺し、
バック s の7目めに下から、
続けて8目めに上からくぐらせる。

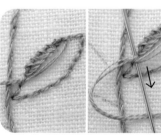

4 バック s の2目めにくぐらせ
て芯糸を渡し、再び2目めに
針をくぐらせてボタンホール s を1
目刺す。

5 残り1段のところまで刺し、
下側のバック s の1目めと2
目めの間に針を入れる。

詰め物を入れる

6 指定の長さ（7cm）の3053・6
本どりを、図案の大きさに合
わせて小さく折る。

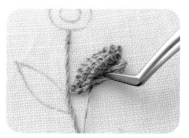

7 ステッチの中に、ピンセット
の先で⑥を入れる。

ステッチの中に
刺しゅう糸を詰めて
立体感を出します

ステッチを閉じる前に、詰め物＝刺
しゅう糸を入れます。ステッチと同じ
色の糸なので透けても目立たず、きれ
いな仕上がりになります。

8 最後の段はバックsにくぐらせながらボタンホールsを刺してとじる。葉1枚のでき上がり。

9 もう1枚の葉も②～⑧と同様に刺す。

フレンチノットフィリング・2回

Step3 花芯をステッチする

10 08（茶色）・3本どりでフレンチノットフィリング（P.25）を刺す。ぐるりと輪郭を刺してから、内側を埋める。

スミルナs

Step4 花びらをステッチする

11 3821（黄色）・4本どりでスミルナsを刺す。茎と接するところ（右の際）から針を出す。

12 ループの長さを約0.5cmに揃えながら、図案線に沿ってぐるりと刺す。

[補足図]

外側→内側へ、うず巻き状にぐるぐると3段刺します。

13 2周めを1、2目刺したところで、刺し始めの糸端を始末する。茎の左の際に針を入れる。

ループを引き込んでしまうことがあるのでスミルナsの糸に絡ませるのはNG

裏側

14 布を裏返し、近くのスミルナs以外の針目2、3目に絡ませる。

15 フレンチノットの際まで3段刺す。

16 最後のループの右側の根元に針を入れ、糸始末をする。

最後のcheck!

図案線を消してアイロンで整える。アイロンは表側からかけ、ステッチのふっくら感がつぶれるのを防ぐため、刺しゅう部分には当てないように注意する。
仕上げのキホン >> P.17

でき上がり！

大人かわいい一輪の花

図案 >> P.100

デザイン・制作…suzu

　　　　　　　　　　　　　　　　布…国産仕様リネン100％広幅キャンバス（OW オフホワイト）／たけみや

フープケース

フープ（刺しゅう枠）専用のとっておきケースです。
キルト芯をはさんでふかふかに仕上げているので、枠が傷むことなく、持ち運びにも◎。
直径15cmまでの枠が入れ子で3、4個入ります。

図案 >> P.101｜How to make >> P.173

デザイン・制作…suzu

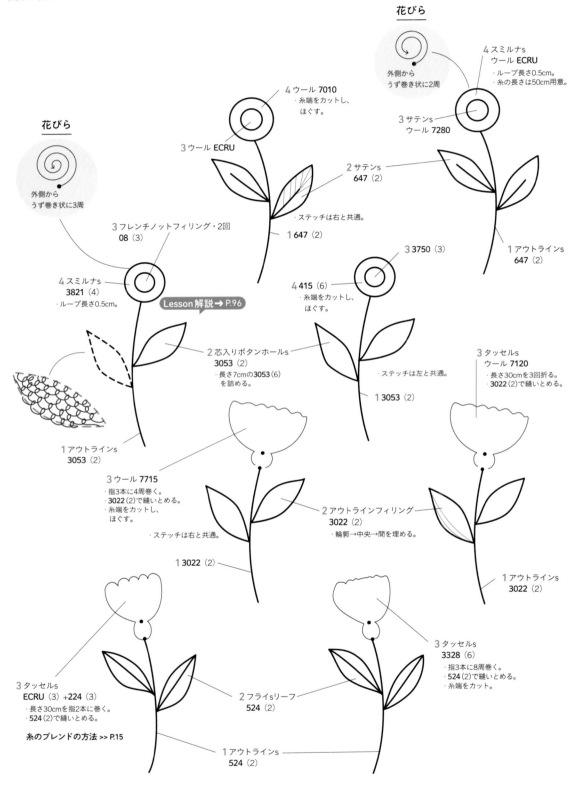

大人かわいい一輪の花

- 糸は指定以外、25番刺しゅう糸。ウール＝タペストリーウール／ともにDMC。
- 図案の見方はP.18参照。

花びら

外側から
うず巻き状に2周

4 スミルナs
ウール ECRU
・ループ長さ0.5cm。
・糸の長さは50cm用意。

4 ウール 7010
・糸端をカットし、
ほぐす。

3 ウール ECRU

3 サテンs
ウール 7280

2 サテンs
647（2）

花びら

外側から
うず巻き状に3周

3 フレンチノットフィリング・2回
08（3）

・ステッチは右と共通。

1 647（2）

3 3750（3）

1 アウトラインs
647（2）

4 スミルナs
3821（4）
・ループ長さ0.5cm。

Lesson解説 → P.96

4 415（6）
・糸端をカットし、
ほぐす。

2 芯入りボタンホールs
3053（2）
・長さ7cmの3053（6）
を詰める。

・ステッチは左と共通。

1 3053（2）

3 タッセルs
ウール 7120
・長さ30cmを3回折る。
・3022（2）で縫いとめる。

1 アウトラインs
3053（2）

3 ウール 7715
・指3本に4周巻く。
・3022（2）で縫いとめる。
・糸端をカットし、
ほぐす。

2 アウトラインフィリング
3022（2）
・輪郭→中央→間を埋める。

・ステッチは右と共通。

1 アウトラインs
3022（2）

1 3022（2）

3 タッセルs
ECRU（3）+224（3）
・長さ30cmを指2本に巻く。
・524（2）で縫いとめる。

糸のブレンドの方法 >> P.15

2 フライsリーフ
524（2）

3 タッセルs
3328（6）
・指3本に8周巻く。
・524（2）で縫いとめる。
・糸端をカット。

1 アウトラインs
524（2）

・糸は指定以外、25番刺しゅう糸。ウール＝タペストリーウール／ともにDMC。
・P.98「大人かわいい一輪の花」上段・左の糸色などを変えてアレンジ。ステッチ名、刺し方の補足図はP.100参照。
・図案の見方はP.18参照。

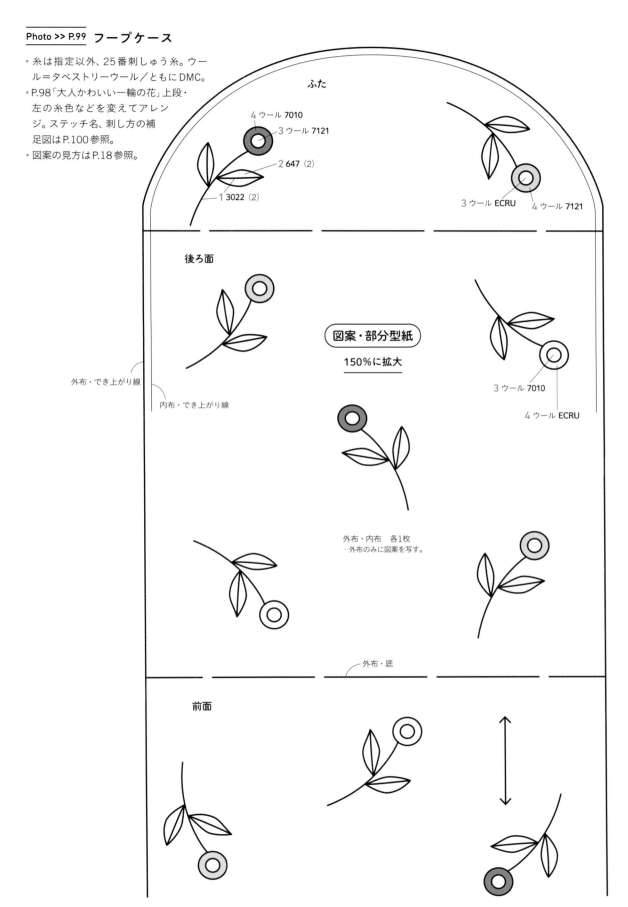

ふた

4 ウール 7010
3 ウール 7121
2 647（2）
1 3022（2）

3 ウール ECRU
4 ウール 7121

後ろ面

外布・でき上がり線
内布・でき上がり線

図案・部分型紙

150％に拡大

3 ウール 7010
4 ウール ECRU

外布・内布　各1枚
・外布のみに図案を写す。

外布・底

前面

春の野原

図案 >> P.103

デザイン・制作…suzu

布…カラーリネン（117 ミルク・ホワイト）／fabric bird

- 糸は指定以外、25番刺しゅう糸。ウール＝タペストリーウール／ともにDMC。
- 指定以外、線のステッチはアウトラインステッチ。
- 図案の見方はP.18参照。

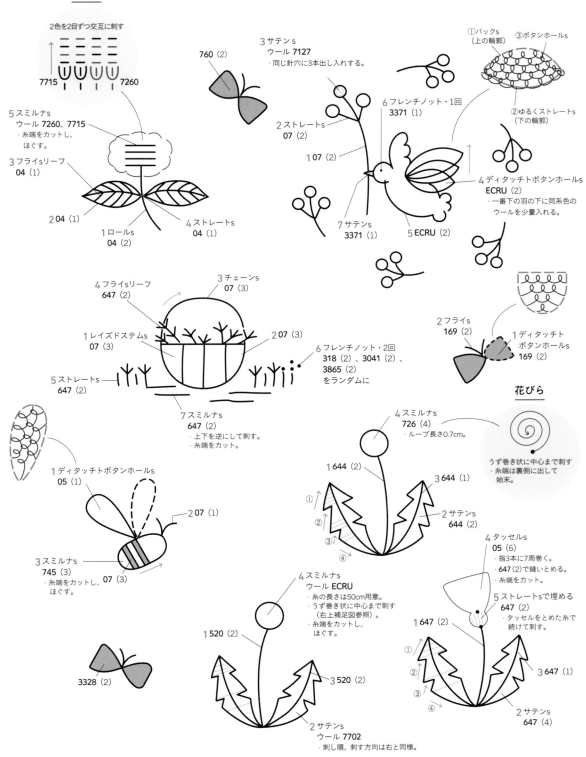

花びら

2色を2目ずつ交互に刺す

7715　7260

5 スミルナs
ウール 7260、7715
・糸端をカットし、
ほぐす。

3 フライsリーフ
04 (1)

2 04 (1)

1 ロールs
04 (2)

4 ストレートs
04 (1)

3 サテン s
ウール 7127
・同じ針穴に3本出し入れする。

760 (2)

2 ストレートs
07 (2)

1 07 (2)

6 フレンチノット・1回
3371 (1)

①バックs
（上の輪郭）

③ボタンホールs

②ゆるくストレートs
（下の輪郭）

4 ディタッチトボタンホールs
ECRU (2)
・一番下の羽の下に同系色の
ウールを少量入れる。

7 サテンs
3371 (1)

5 ECRU (2)

4 フライsリーフ
647 (2)

3 チェーンs
07 (3)

1 レイズドステムs
07 (3)

2 07 (3)

5 ストレートs
647 (2)

6 フレンチノット・2回
318 (2)、3041 (2)、
3865 (2)
をランダムに

7 スミルナs
647 (2)
・上下を逆にして刺す。
・糸端をカット。

2 フライs
169 (2)

1 ディタッチト
ボタンホールs
169 (2)

花びら

4 スミルナs
726 (4)
・ループ長さ0.7cm。

1 644 (2)

3 644 (1)

2 サテンs
644 (2)

①
②
③
④

うず巻き状に中心まで刺す
・糸端は裏側に出して
始末。

1 ディタッチトボタンホールs
05 (1)

2 07 (1)

3 スミルナs
745 (3)
・糸端をカットし、07 (3)
ほぐす。

4 スミルナs
ウール ECRU
・糸の長さは50cm用意。
・うず巻き状に中心まで刺す
（右上補足図参照）。
・糸端をカットし、
ほぐす。

1 520 (2)

3 520 (2)

2 サテンs
ウール 7702
・刺し順、刺す方向は右と同様。

4 タッセルs
05 (6)
・指3本に7周巻く。
・647 (2)で縫いとめる。
・糸端をカット。

5 ストレートsで埋める
647 (2)
・タッセルをとめた糸で
続けて刺す。

1 647 (2)

①
②
③
④

3 647 (1)

2 サテンs
647 (4)

3328 (2)

シックに彩る花飾り

図案 >> P.105

デザイン・制作…suzu

布…国産仕様リネン100％広幅キャンバス（72 ペールグレー）／たけみや

- 糸は指定以外、25番刺しゅう糸。ウール＝タペストリーウール／ともにDMC。
- 指定以外、線のステッチはアウトラインステッチ。
- 図案の見方はP.18参照。

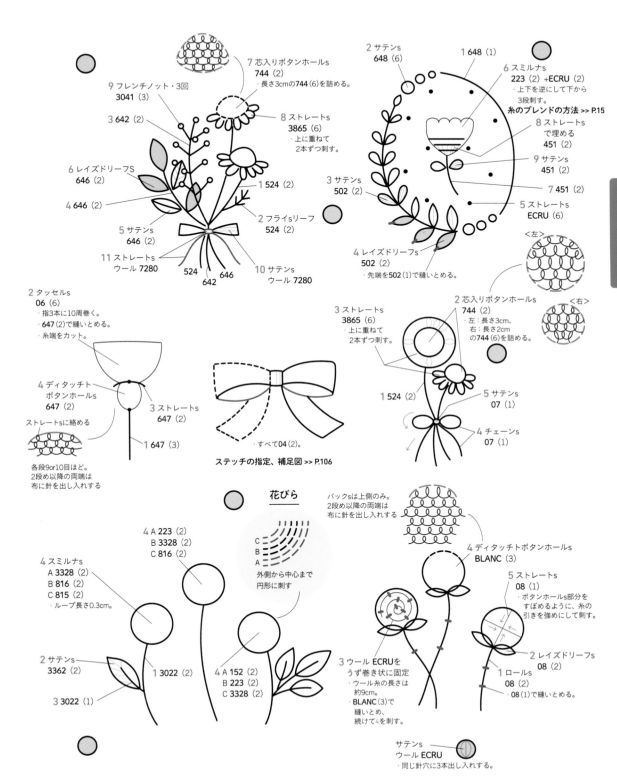

7 芯入りボタンホールs
744（2）
・長さ3cmの744（6）を詰める。

9 フレンチノット・3回
3041（3）

3 642（2）

8 ストレートs
3865（6）
・上に重ねて
2本ずつ刺す。

6 レイズドリーフS
646（2）

4 646（2）

5 サテンs
646（2）

1 524（2）

2 フライsリーフ
524（2）

11 ストレートs
ウール 7280

524   646

642

10 サテンs
ウール 7280

2 サテンs
648（6）

1 648（1）

6 スミルナs
223（2）+ECRU（2）
・上下を逆にして下から
3段刺す。
糸のブレンドの方法 >> P.15

8 ストレートs
で埋める
451（2）

9 サテンs
451（2）

7 451（2）

5 ストレートs
ECRU（6）

3 サテンs
502（2）

4 レイズドリーフs
502（2）
・先端を502（1）で縫いとめる。

2 芯入りボタンホールs
744（2）
左：長さ3cm、
右：長さ2cm
の744（6）を詰める。

＜左＞

＜右＞

2 タッセルs
06（6）
・指3本に10周巻く。
・647（2）で縫いとめる。
・糸端をカット。

4 ディタッチト
ボタンホールs
647（2）

ストレートsに絡める

各段9or10目ほど。
2段め以降の両端は
布に針を出し入れする

3 ストレートs
647（2）

1 647（3）

・すべて04（2）。

ステッチの指定、補足図 >> P.106

3 ストレートs
3865（6）
・上に重ねて
2本ずつ刺す。

1 524（2）

5 サテンs
07（1）

4 チェーンs
07（1）

花びら

C
B
A

外側から中心まで
円形に刺す

バックsは上側のみ。
2段め以降の両端は
布に針を出し入れする

4 ディタッチトボタンホールs
BLANC（3）

5 ストレートs
08（1）
・ボタンホールs部分を
すぼめるように、糸の
引きを強めにして刺す。

4 A 223（2）
　B 3328（2）
　C 816（2）

4 スミルナs
A 3328（2）
B 816（2）
C 815（2）
・ループ長さ0.3cm。

2 サテンs
3362（2）

3 3022（1）

1 3022（2）

4 A 152（2）
　B 223（2）
　C 3328（2）

3 ウール ECRUを
うず巻き状に固定
・ウール糸の長さは
約9cm。
・BLANC（3）で
縫いとめ、
続けて4を刺す。

2 レイズドリーフs
08（2）

1 ロールs
08（2）
・08（1）で縫いとめる。

サテンs
ウール ECRU
・同じ針穴に3本出し入れする。

スタンプワークのフープパネル

- 糸は指定以外、25番刺しゅう糸。ウール＝タペストリーウール／ともにDMC。
- 図案の見方はP.18参照。

フープパネルの仕立て方 >> P.169

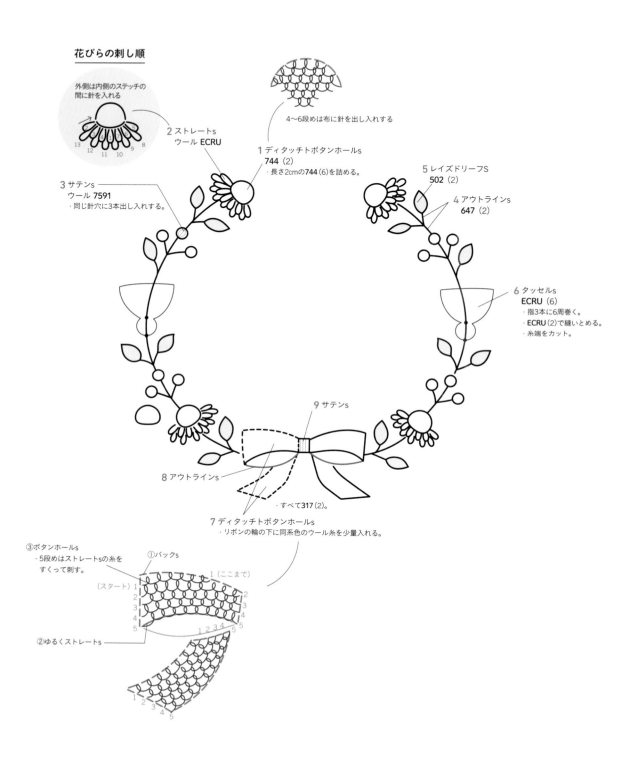

花びらの刺し順

外側は内側のステッチの
間に針を入れる

13 12 11 10 9 8

4～6段めは布に針を出し入れする

2 ストレートs
ウール ECRU

1 ディタッチトボタンホールs
744（2）
・長さ2cmの744（6）を詰める。

5 レイズドリーフS
502（2）

4 アウトラインs
647（2）

3 サテンs
ウール 7591
・同じ針穴に3本出し入れする。

6 タッセルs
ECRU（6）
・指3本に6周巻く。
・ECRU（2）で縫いとめる。
・糸端をカット。

9 サテンs

8 アウトラインs

7 ディタッチトボタンホールs
・リボンの輪の下に同系色のウール糸を少量入れる。

・すべて317（2）。

③ボタンホールs
・5段めはストレートsの糸を
すくって刺す。

①バックs

（スタート）

1（ここまで）

②ゆるくストレートs

布…カラーリネン（107 ローモンド・ブルー）／fabric bird

4 クロスステッチ

クロスステッチとは

区限刺しゅうの代表的な刺しゅうのひとつで、その名の通り、針目をクロスさせながら刺していきます。小さな×をひと針ひと針、織り目を数えながら刺すのは根気のいる作業ですが、図案通りに刺せば完成するので、はじめてでもトライしやすい刺しゅうです。

図案 >> P.134 デザイン・制作…小幡小織

クロスステッチのキホン

＊糸は、すべて25番刺しゅう糸を2本どりで使用しています。 **>> P.14**

クロスステッチ用の布

写真はすべて実物大

「×」のステッチが正方形に刺せるように、縦糸と横糸が等間隔で織られているクロスステッチ専用の布を使うのがおすすめ。専用の布には「ブロック織り」と「平織り」の2種類があります。

"カウント"によって
でき上がりサイズが
変わります

カウントとは、布目の大きさを表わす単位で、1インチ（約2.54cm）の中に織り目が何目あるかを示しています。あわせて、10cm平方の中の目数も表記。数字が大きくなるほど織り目が細かくなり、でき上がりのサイズが小さくなります。

14カウントはちょっと大きめ

18カウントはちょっと小さめ

→「14カウント」は1インチの中に14目、「55×55目／10cm」は10cm平方の中に横55目、縦55目あるという意味になります。

ブロック織り

縦糸と横糸それぞれ数本ずつが組みになって交差し、マス目状に織られています。針を入れる位置がわかりやすいように、四つ角に穴のような隙間があるのが特徴です。

アイーダ14カウント
55×55目／10cm

アイーダ16カウント
60×60目／10cm

アイーダ18カウント
70×70目／10cm

平織り

縦糸と横糸が1本ずつ交互に交差して織られています。織り糸1本1本がはっきりとしていて数えやすく、縦糸2本×横糸2本を1目として刺します。

リネン28カウント
55×55目(110×110本)／10cm

エタミン25カウント
50×50目(100×100本)／10cm

カラフルな色も揃っています

刺しゅう用の布＝白・生成り系と思いがちですが、ピンク、水色、クリーム色など色も豊富。

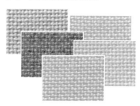

クロスステッチ針

刺してあるステッチの糸や布の織り糸を割らないように、針先が丸くなっている専用の針を使用します。

クロバー

DMC

提供…布／DMC

織り目を数えにくい布に刺す場合は
抜きキャンバス、ソルブルキャンバスが便利！

抜きキャンバスなどを使うとステッチ位置のガイドになるので、
一般のリネン地のほか、Tシャツなどのニット地や、ウール地でもクロスステッチを楽しむことができます。

抜きキャンバスとは

14カウント　　**ステッチの位置**

縦糸と横糸を等間隔に、網の目に織った布。織り糸2本×2本を1目として刺しやすいように織られています。

ソルブルキャンバスとは

14カウント　　**ステッチの位置**

針を入れる位置となる穴が均等にあけられているシート。お湯で溶けるので、キャンバスを抜く手間がなく楽しめます。

使い方

＊目の詰まった布に刺すため、針は先端の尖ったフランス刺しゅう針を使用。
＊刺し始めと刺し終わりは、玉結び・玉どめでもOKです。

▶ 抜きキャンバス　抜きキャンバスの厚みがある分、糸をきつめに引いて刺します。

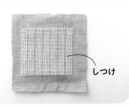

1 抜きキャンバスを図案の目数より周囲2cmほど大きくカットし、しつけ糸で布に仮どめする。

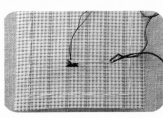

2 図案を見ながらクロスステッチをする。

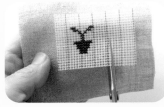

3 刺し終えたらしつけ糸を取り、周囲1cmほど残して抜きキャンバスをカットする。

4 霧吹きで全体に水を吹きかけて湿らせ、抜きキャンバスの糊をゆるめる。

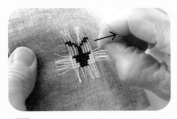

5 端から1本ずつ、織り糸を抜く。ステッチ部分は針目が崩れないように気をつけながら、平行にまっすぐ引き抜く。

6 すべての織り糸を抜いたら、裏側からアイロンで仕上げる（P.17）。

▶ ソルブルキャンバス

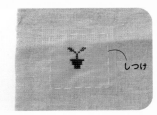

1 「抜きキャンバス」の①と同様にしてソルブルキャンバスを布に仮どめし、クロスステッチをする。

2 刺し終えたらしつけ糸を取り、周囲の余分なソルブルキャンバスをカットする。

3 40〜50℃のお湯に布ごと5〜10分浸してキャンバスを溶かす。よくすすいで乾かし、アイロンで仕上げる（P.17）。

Chapter 4

クロスステッチの刺し方のキホン

それぞれの布のステッチを刺す位置

ブロック織り（アイーダ）
1マスを1目として刺す。

平織り（リネン、エタミン）
縦・横の織り糸2本ずつを1目として刺す。

1回ずつ、針を出し入れして刺します

写真のように布をすくわずに、ひと針ごとに針を抜いて糸を引きながら刺し進めるのが基本です。こうすると糸が傷みにくく、きれいな仕上がりになります。

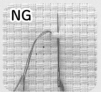

NG

「×」の重なり方を揃えましょう

クロスステッチは、「＼」と「／」の針目を重ねて「×」になるように刺すステッチです。「＼」と「／」のどちらが上になってもよいですが、図案全体で上になる糸がすべて同じ方向になるように刺します。

OK

NG

刺し始めと刺し終わり

- クロスステッチ用の布は織り目の隙間から結び目が抜けやすいため、玉結び・玉どめはせず、糸を裏側の針目に絡ませて始末します。
- 糸の始末は、同色の針目にくぐらせるのが基本。こうすると表に色が響かず、裏側もきれいに仕上がります。

刺し始め　糸端は5〜6cm残しておき、刺し終わりと同じタイミングで始末します。

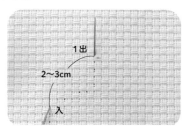

1出
2〜3cm
入

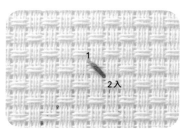

1
2入

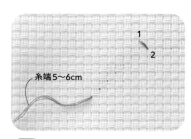

1
2
糸端5〜6cm

1　刺し始めの1より2〜3cm離れた位置に針を入れ、1から出す。

2　2に入れる。

3　糸端が5〜6cm残るように糸を引く。続けてクロスステッチを刺す。

▶ 糸替えのときの刺し始め（糸が同色の場合）

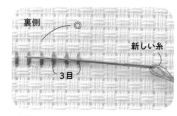

裏側
3目
新しい糸

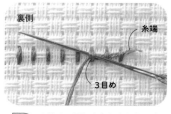

裏側
糸端
3目め

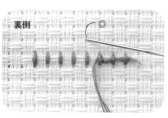

裏側

1　針を出す位置（◎）に向かって、新しい糸を通した針を裏側の針目3目にくぐらせる。

2　3目めに同じ方向からもう一度くぐらせる。余分な糸端はカットする。

3　糸替え後の刺し始め位置（◎）に針を入れ、続けてクロスステッチを刺す。

刺し終わり　糸を裏側に渡っている針目3、4目にくぐらせて始末します。

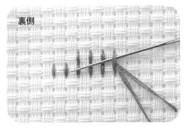

1 裏側の1目めの糸に針をくぐらせる。

2 ①と同じ方向から、もう一度1目めにくぐらせる。

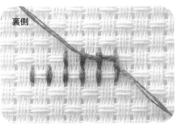

3 2目めも①、②と同様にして糸を絡ませる。

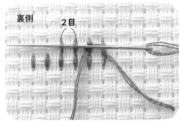

4 隣の2目に針をくぐらせ、余分な糸をカットする。

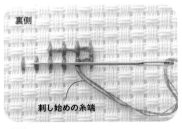

5 残しておいた刺し始めの糸端を裏側へ引き出し、①〜④と同様に始末する。

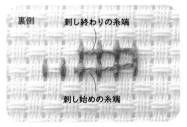

6 刺し始めと刺し終わりの糸端を始末したところ。

▶裏の糸が1列に渡っている場合

①と同じ針目にくぐらせると厚みがでてしまうので、糸を通していない列で始末します。

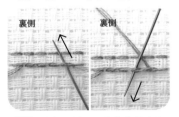

1 裏側の針目の糸を蛇行するように4、5目ほどにくぐらせ、余分な糸をカットする。

2 刺し始めの糸端を裏側へ引き出し、①と同様に始末する。

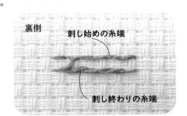

3 刺し始めと刺し終わりの糸端を始末したところ。

知っておきたい

クロスステッチの図案の見方

ステッチ位置となるマス目に、糸の色番号を表す色・記号を記しています。この図案を見ながら、図案と同じ図柄・配色になるように布の織り目を数えて刺していきます。

＊糸はすべてDMC25番刺しゅう糸・2本どり。

図案内でも指定のないマスはステッチなし。布色を活かしたデザインに

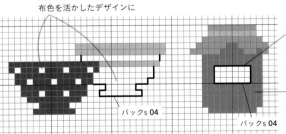

バックs 04

バックs 04

太線部分は指示のステッチ（ここではバックs）で1マス＝1目で刺します

色または記号のある1マス＝クロスステッチ1目。一番下の段は、701（緑）・2本どりで8目刺します

ページ内の図案全体で使用するDMC25番刺しゅう糸の色番号

| ○…ECRU | …04 | I…07 | ■…310 | …422 | …434 | …701 |
| …726 | ■…798 | …817 |

針の運びは上→下で統一

本書では、シンプルにわかりやすくするため「×」を刺すときの針の運びは、すべて図のように上から下に統一しています。

1目ずつ刺す方法

ひとつずつ「×」を完成させながら刺していきます。
広い面積よりも1列のラインを刺すときに向いている刺し方です。

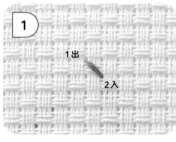

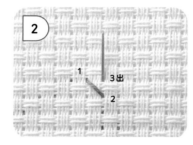

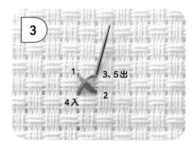

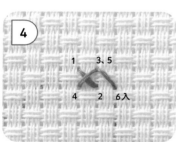

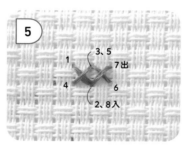

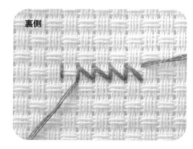

連続して刺す方法

「＼」を続けて刺してから、「／」を戻りながら刺して「×」を完成させていきます。
広い面積を埋めるのに向いている刺し方です。

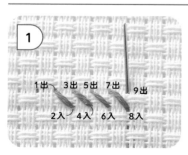

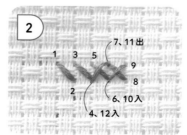

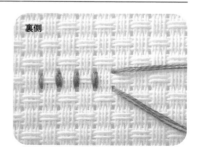

1目ずつ斜めに刺す方法

ひとつずつ「×」を完成させながら、階段のように刺していきます。

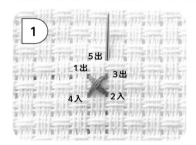

1

5出
1出　3出
4入　2入

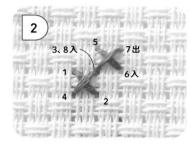

2

3、8入　5　7出
1　6入
4　2

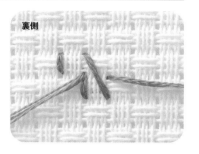

裏側

知っておきたい

クロスステッチと一緒に使うステッチ

動物の目や口、小物の輪郭などを表すときに使用するライン状のステッチです。
フランス刺しゅうと同じ刺し方ですが、1マスを1目として刺していきます。

バックステッチ

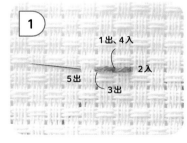

1

1出、4入
2入
5出　3出

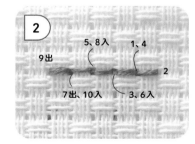

2

5、8入　1、4
9出
2
7出、10入　3、6入

>> 作品P.117

ストレートステッチ

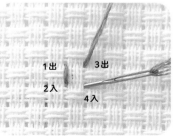

1出　3出
2入
4入

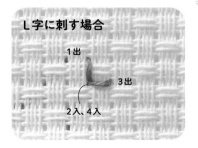

L字に刺す場合

1出
3出
2入、4入

>> 作品P.130

刺してみましょう！

「どこから、どの順番で刺すか」の答えはひとつではありません。基本的なルールは裏側に渡る糸ができるだけ短くなるようにすること。本書では、左下から刺し始めるのを基本とし、左→右、下→上へ刺していきます。

図案
・糸はすべて25番刺しゅう糸、2本どり／DMC。
図案の見方 >> P.111

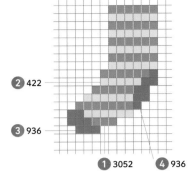

❷ 422
❸ 936
❶ 3052　❹ 936

Step1 緑のボーダーをステッチする

① 3052（緑）・2本どりで、一番下の緑のボーダーを刺す。「連続して刺す方法」で「＼」を左→右に3目刺す。
刺し始め >> P.110

② 針目「／」を右→左に戻りながら刺す。1段めのラインができたところ。

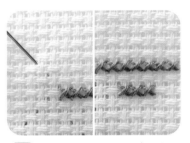

③ 下から2段めの緑のボーダーの左上端から針を出し、①、②と同じ要領で7目刺す。

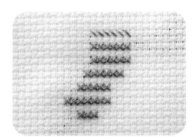

④ 残りの段も同様に刺す。

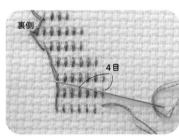

⑤ 糸が短くなったら、裏側の針目4目に糸を絡ませて始末する（写真は布の上下を逆にして作業）。
刺し終わり >> P.111

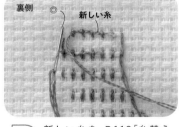

⑥ 新しい糸を、P.110「糸替えのときの刺し始め」の要領で針目4目に絡ませ、糸替え後の刺し始め位置（◎）に針を入れる。

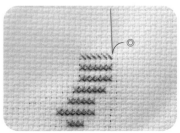

⑦ 新しい糸を通した針を表側に出したところ。残りの部分をステッチする。

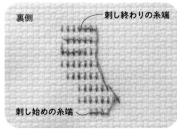

⑧ 刺し始めと刺し終わりの糸始末をする。

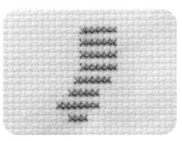

⑨ 緑のボーダーが刺し終わったところ。

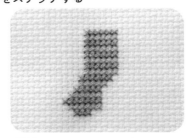

Step2 オレンジのボーダーをステッチする

10 422（オレンジ）・2本どりで、一番下のボーダーを①、②と同じ要領で6目刺す。

11 同様にして、下→上へ、すべてのオレンジのボーダーを刺し、糸始末をする。

Step3 つま先部分をステッチする

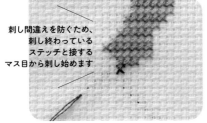

刺し間違えを防ぐため、刺し終わっているステッチと接するマス目から刺し始めます

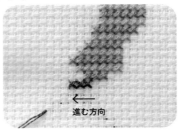

進む方向

12 936（深緑）・2本どりでつま先部分を刺す。一番下の段の右端の1目を「1目ずつ刺す方法」で刺す。

13 残りの2目を、右→左へ、1目ずつ刺す方法で刺す。

1cm以上離れた位置を続けて刺すのはNG

裏に渡る糸が長いと、引っかけて目がつれることがあります。つま先とかかとは1cm以上離れているので、つま先が刺し終わったら糸始末をし、改めてかかとを刺し始めます。

＊1cm未満の場合は、裏側の針目に絡ませながら糸を渡し、続けて刺します。

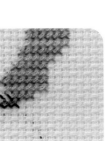

14 残りの段は「連続して刺す方法」で刺す。

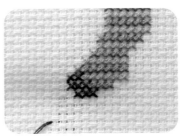

15 つま先部分を刺し終わったところ。糸始末をする。

Step4 かかと部分をステッチする

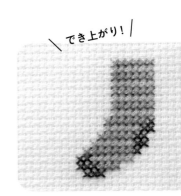

でき上がり！

16 936（深緑）・2本どりで、かかと部分の一番下の段を1目刺したところ。残りの段もすべて刺す。

最後の仕上げ

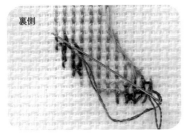

裏側

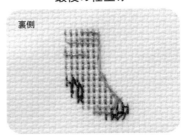

裏側

17 糸始末をする。同色の針目が少ない場合は、異なる色の針目に絡ませる。

18 すべての糸端を始末したところ。アイロンで整える。
仕上げのキホン >> P.17

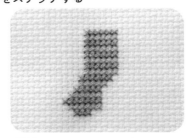

クロスステッチ

お洗濯日和

図案 >> P.118

デザイン・制作…小幡小織

布…アイーダ18カウント（BLANC）／DMC

日曜日の朝

図案 >> P.119

デザイン・制作…小幡小織

お洗濯日和

- 糸は25番刺しゅう糸／DMC。すべて2本どり。
- 図案の見方はP.111参照。

● … B5200　　■ … 322　　■ … 347　　■ … 414　　■ … 415　　■ … 420　　■ … 422　　■ … 824

ストレートs 824

ストレートs 824

日曜日の朝

- 糸は25番刺しゅう糸／DMC。すべて2本どり。
- 図案の見方はP.111参照。

バックs 434

バックs 07

バックs 07

バックs 04

バックs 04

バックs 04

クロスステッチ

○ …ECRU …04 Ι …07 ■…310 …422 …434 …701 …726 …898 …817

夏の思い出

図案 >> P.122

デザイン・制作…小幡小織

布…アイーダ18カウント（BLANC）／DMC

フラワーショップ

図案 >> P.123

デザイン・制作…小幡小織

布…アイーダ16カウント（BLANC）／DMC

夏の思い出

・糸は25番刺しゅう糸／DMC。すべて2本どり。
・図案の見方はP.111参照。

バックs **414**

バックs **322**

○ …ECRU　■ …322　■ …347　■ …353　■ …414　■ …433　■ …535　+ …3325　■ …3345　■ …3820　◢ …3828　■ …3833

- 糸は25番刺しゅう糸／DMC。すべて2本どり。
- 図案の見方はP.111参照。

○ …ECRU	…07	…169	…310	…320
…452	…498	…535		
× …818	…938	…962	…986	…3345
…3346	…3834	…3862		

クロスステッチ

アトリエ

図案 >> P.125

デザイン・制作…小幡小織

布…アイーダ16カウント（ECRU）／DMC

・糸は25番刺しゅう糸／DMC。すべて2本どり。
・図案の見方はP.111参照。

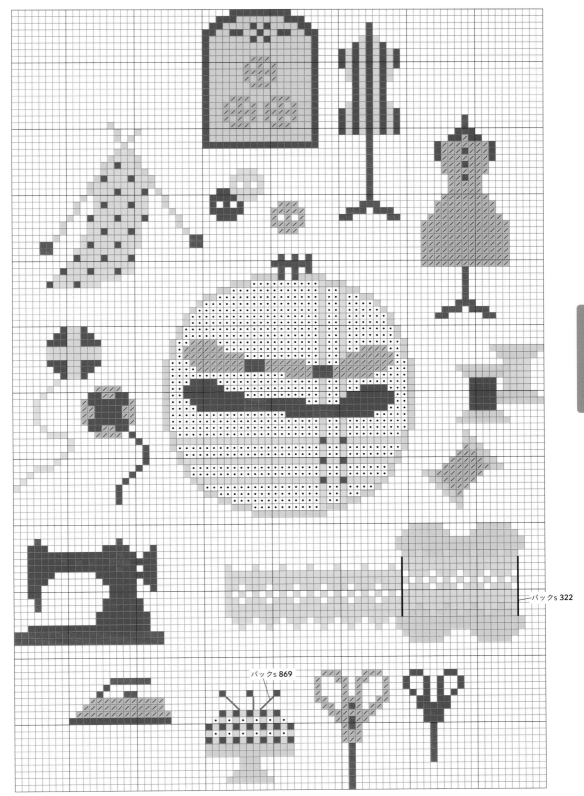

バックs 322

バックs 869

• …B5200　／…322　■…803　■…869　…3755　…3828

秋のたのしみ

図案 >> P.128

デザイン・制作…小幡小織

布…アイーダ18カウント（ECRU）／DMC

刺しゅう小物にArrange

巾着ショルダーバッグ

左ページのキノコを、色を変えて、
連続模様にして刺しました。
巾着のひもを肩にかけられるように結んだ、
カジュアルなデザインの
お出かけバッグです。

図案 >> P.129 ｜ How to make >> P.174

デザイン・制作…小幡小織

秋のたのしみ

• 糸は25番刺しゅう糸／DMC。すべて2本どり。
• 図案の見方はP.111参照。

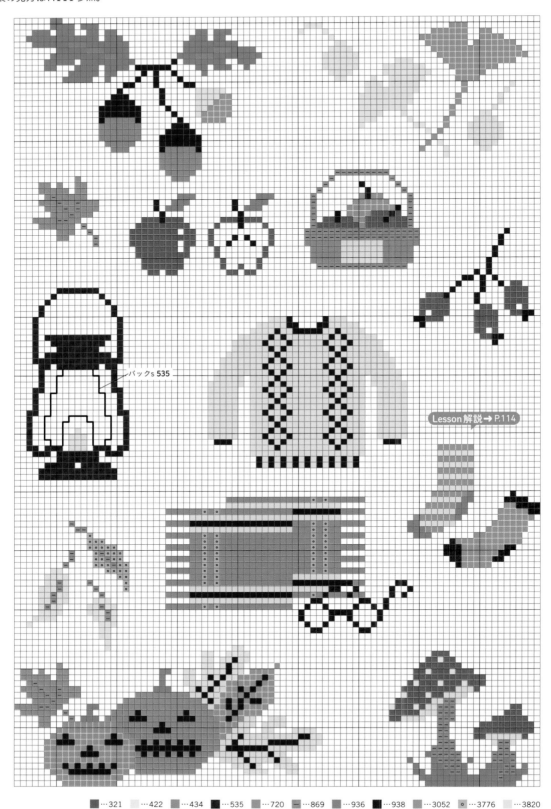

バックs 535

Lesson解説→ P.114

■…321 □…422 ■…434 ■…535 ―…720 ―…869 ■…936 ■…938 ■…3052 ◦…3776 □…3820

巾着ショルダーバッグ

- 糸は25番刺しゅう糸／DMC。すべて2本どり。
- 布と図案の左右中央を合わせ、左下の図案から刺す。
- 図案の見方はP.111参照。

中央
▼

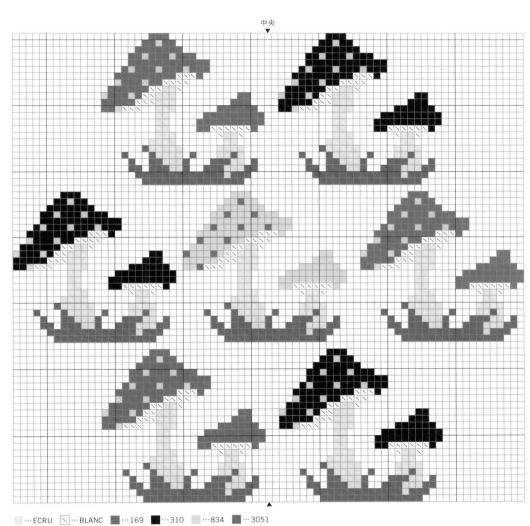

▲

░ …ECRU 　◺ …BLANC 　▓ …169 　■ …310 　░ …834 　▓ …3051

クロスステッチ

夜の森

図案 >> P.131

デザイン・制作…小幡小織

布…リネン 28 カウント（954）／DMC

- 糸は25番刺しゅう糸／DMC。すべて2本どり。
- 指定以外の太線 ── はストレートステッチ 838。
- 図案の見方はP.111参照。

ストレートs 3799

ストレートs 3799

✓…BLANC	…04	…422	…434	•…647	…720	…838
…930	…935	…937	…3051	＊…3776	◎…3799	I…3863

春の花の標本

図案 >> P.133

デザイン・制作…小幡小織

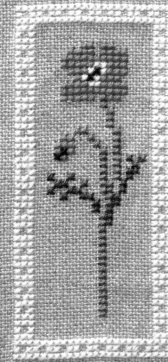
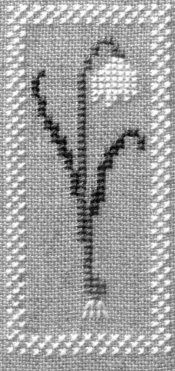

布…リネン28カウント（842）／DMC

- 糸は25番刺しゅう糸／DMC。すべて2本どり。
- 太線 — はすべてバックステッチ ECRU。
- 図案の見方は P.111 参照。

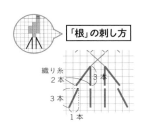

「根」の刺し方

織り糸
2本
3本
1本

クロスステッチ

···BLANC　○···ECRU　•···B5200　███···29　██···310　███···340　███···351

███···420　███···727　███···760　███···818　███···986　⁄···987　███···3345　███···3346

クロスステッチのフープパネル

・糸は25番刺しゅう糸／DMC。すべて2本どり。
・布と図案の中心を合わせ、一番下の図案から刺す。
・図案の見方はP.111参照。

フープパネルの仕立て方 >> P.169

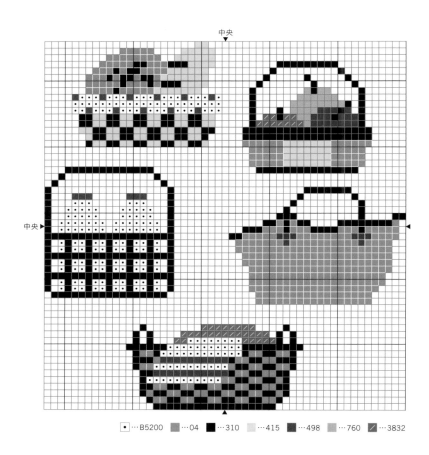

・B5200　・04　・310　・415　・498　・760　・3832

　　　　布…リネン28カウント（784）／DMC

Chapter 5 リボン刺しゅう

リボン刺しゅうとは

18世紀のヨーロッパにおいて、貴婦人の衣装を華やかに彩った装飾のひとつがリボン刺しゅうでした。リボンで描かれる作品の色合いは美しく、立体感のある仕上がりに。糸刺しゅうと組み合わせることで、リボンならではのやわらかな質感と光沢がより引き立ちます。

図案 >> P.169 デザイン・制作…favoritecloset 古賀智子

リボン刺しゅうのキホン

┤刺しゅう用リボン├

刺しゅうしやすい幅、素材で作られています。
長さ5mほどの使いやすい量が6×3.5cmほどの巻きになっていて、色数も豊富。

1547 4mm 7

実物大 ＊しわや折り筋が目立つときは、当て布をして低温のアイロンをかけてから使用しましょう。

MOKUBA
EMBROIDERY RIBBON

No.1540-7mm
465
5m polyester 100%
Made in Japan

a

b

c

d

a. No.1540-3.5mm…ポリエステル100%。適度なハリがあって刺しやすい、3.5mm幅のベーシックなタイプ。
b. No.1547-4mm…シルク100%の4mm幅のリボン。上質なつや感があり、やさしい雰囲気に仕上がります。
c. No.1540-7mm…ポリエステル100%。花びらなどの表現に適した7mm幅の太幅タイプ。
d. No.1546…ナイロン75%＋ポリエステル25%。玉虫色がかった光沢が美しい4mm幅のリボン。

┤リボン刺しゅう針├

リボンを通しやすい長い針穴で、先端の尖ったリボン刺しゅう針（シェニール針）を使います。

リボン刺しゅう針
／クロバー

シェニール針
／DMC

┤布├

織り目が詰まっていると摩擦によりリボンが傷みやすくなるため、コットン地よりはリネン地が向いています。

程よく目の詰まった
リネン地がおすすめ

リボンの通し方

1 リボンを約20cmにカットし、針穴に通す。

1cm

2 リボンの端から1cmのところに針を入れる。

3 針先を持ち、反対側のリボンの端を引く。

4 針穴でリボンが固定される。

提供…リボン／MOKUBA

リボン刺しゅうの刺し方のキホン

刺し始め

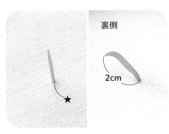

1 図案の始まり位置（★）のすぐ横から針を出す。裏側のリボンは2cm残す。

2 裏側のリボンの根元から針が出るように、リボンの根元の際に針を入れる。

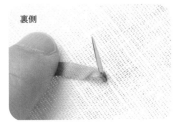

3 裏側のリボンの根元から針を出したところ。

4 リボンの端を押さえながら、針を引いて引き締める。

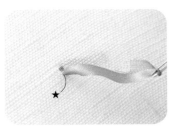

5 ★から針を出し、続けてステッチをする。

玉結びの代わりに小さくステッチ

1〜4の始末で表側に小さな点状にリボンが残り、布に固定されます。このリボンの点が隠れるようにステッチを刺していきます。

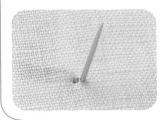

刺し終わり

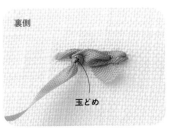

1 布を裏返し、リボンの根元で玉どめをする。

2 裏側の針目の1目にくぐらせる。

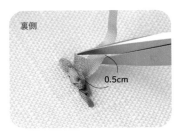

3 0.5cmほど残してリボンをカットする。

4 でき上がり。

リボン刺しゅう

リボン刺しゅうのキホン／刺し方

リボン刺しゅうのステッチのキホン

フランス刺しゅうと
同じ刺し方の
ステッチもあります

フレンチノット
≫P.23

レゼーデイジーステッチ
≫P.27

ストレートステッチ
≫P.22

＊25番刺しゅう糸では、「フランス刺しゅう針」または「エンブロイダリー針」を使用。糸端は玉結び・玉どめで始末します。
＊工程内のステッチ名は「・・・s」と省略。

ループ（輪）を作るステッチ
ループステッチ

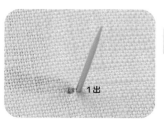

1 1から針を出す。

2 1から少し離れた2に針を入れる。引きすぎないように別の針の針穴側をリボンの下に入れ、裏側に引いて作りたいループの大きさにする。

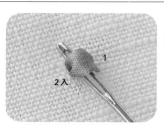

▶ **Arrange A** ループの上に25番刺しゅう糸でフレンチノット

1 ループsを刺す。ループを別の針で押さえて形を確認し、引き具合を調整する。

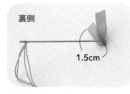

裏側
1.5cm

2 布を裏返し、1.5cm残してリボンをカット。指定の25番刺しゅう糸を通した針をリボンの根元に刺す。

3 ループの中心から針を出してフレンチノット・1回巻き（P.23）を刺す。

4 小花のようなステッチのでき上がり。

▶ **Arrange B** ループが浮かないように、25番刺しゅう糸を通して固定

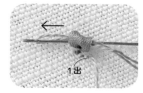

1出

1 ArrangeA・2を参照して25番刺しゅう糸・1本どりをリボンの際から出し、ループの中に針穴側から通す。

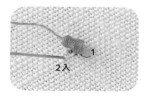

1
2入

2 反対側のリボンの際に入れる。

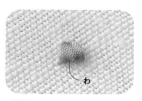

わ

3 25番刺しゅう糸でループが固定される。

ステッチ見本

ガク部分をArrange Bで。しっかり固定されながらも、空気を含んだふっくらとした仕上がりに。

≫ 作品P.146

＊25番刺しゅう糸はリボンと同色を使用する（写真ではわかりやすいように異なる色を使用）。
＊ループsを刺し、ループを倒して形と位置を確認してから固定する。

端がくるっとすぼんで花びらのような形に
リボンステッチ

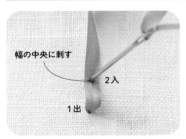

1 1から出し、リボンの上から針を入れる。このとき、リボンはねじれのない状態にし、少しゆとりをもたせる。

幅の中央に刺す
2入
1出

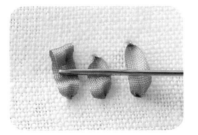

2 リボンを引きすぎないようにするため、別の針の針穴側でリボンを押さえながら、ゆっくりと裏側に引く。

3 長さを変えて3目刺したところ。

ぽこぽことした愛らしいラインに
スプリットバックステッチ

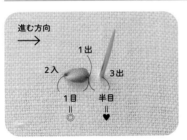

1 バックs（P.20）の要領で1目刺し、半目分先の3から出す。

進む方向 →
1出
2入
3出
1目 = ◎
半目 = ♥

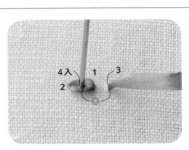

2 ①で刺したリボンの中心に針を入れる。

4入
2
1
3

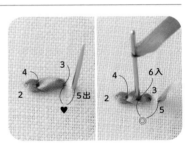

3 針目が同じ長さになるように繰り返す。

4
2
3
♥
5出
4
2
6入
3
5

リボンステッチを重ねながら刺します
スプリットアウトラインステッチ

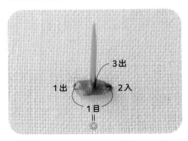

1 リボンsを1目刺し、リボンの中心から針を出す。

3出
1出
2入
1目 = ◎

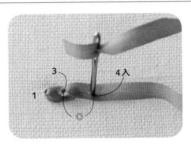

2 針目が①と同じ長さになるように、リボンの上から針を入れる。

3
1
4入
◎

3 ①、②を繰り返す。

リボン刺しゅう

ステッチ

小さな野バラのように仕上がるステッチ
アコーディオンローズステッチ

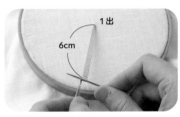

1 1から出し、根元から6cmのところでリボンを針に1回巻きつける。

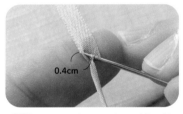

2 0.4cm先のリボンの端に針を入れる。

3 続けて、0.5cm離れた反対側のリボンの端に針を入れる。互い違いに、0.1cmずつ間隔を広げながら、リボンの根元まで針を出し入れする。

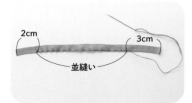

4 リボンがゆるまないように形を整えながら、1の際に針を入れる。

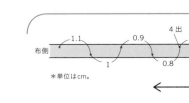

布側　針側

＊単位はcm。

進む方向

アコーディオンローズステッチではリボンの中央を約1cmの等間隔で縫うのが一般的ですが(右)、本書では、花びらがすそ広がりの自然な仕上がりになる刺し方を紹介しています(左)。

ギャザーを寄せて花びらのような形に
ギャザードステッチ

＊25番刺しゅう糸はリボンと同色を使用する(写真ではわかりやすいように異なる色を使用)。

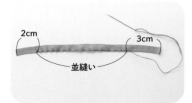

1 リボンは15cmにカットし、25番刺しゅう糸・1本どりでリボンの端を並縫いする。

2 糸を引いてギャザーを寄せ、形を整える。糸は切らずに休ませておく。

3 リボン刺しゅう針にリボンの端2本と糸端1本の計3本を通し、針を入れる。

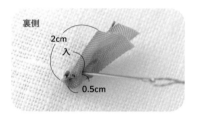

4 布を裏返し、リボンの端を2cm残してカット。休ませていた25番刺しゅう糸を、ギャザーの中心から針が出るように、根元から0.5cmのところに入れる。

5 リボンの端を押さえるように、中心側4〜6か所を布に縫いとめる。

Arrange
P.150左下「アネモネ」の刺し方

①のリボンの長さは17cmに。ギャザーを寄せ、中央の穴が直径0.6〜0.7cmになるように形を整える。

華やかなバラのような形に
スパイダーウェブローズステッチ

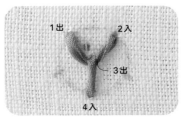

1 フライs（P.28）を刺す。

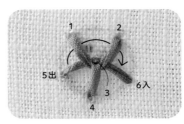

2 5から出し、上側の2本にくぐらせて6に入れ、5本の芯を作る。

3 中心の際から針を出し、針を回転させてリボンをゆるめにねじる。

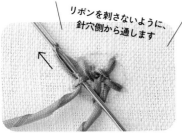

リボンを刺さないように、針穴側から通します

4 1本おきにぐるぐると芯にくぐらせる。

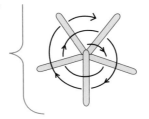

5 芯が見えなくなるまでくぐらせたら、芯を越えた際に針を入れる。

かごの編み目のようになるステッチ
バスケットフィリング

1 縦のラインのリボンで、ストレートs（P.22）を隙間なく並べて刺す。

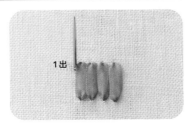

2 左上端の際から、横のラインになるリボンを出す。

3 針穴側から縦のラインのリボンに交互にくぐらせる。

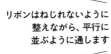

リボンはねじれないように整えながら、平行に並ぶように通します

4 右上端のリボンの際に針を入れ、2段めとなる左端のリボンの際から出す。上段と互い違いになるように、1本おきにくぐらせる。

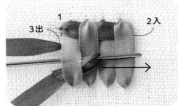

5 同様にして下まで格子状に組み、最後は右下端に針を入れる。

フレンチノットを覆うようにしてストレートステッチ
ラップドフレンチノット

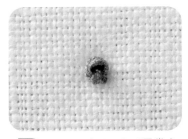

1 フレンチノット・2回巻き（P.23）を刺す。

2 フレンチノットの上端から針を出す。

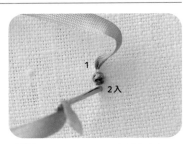

3 フレンチノットを覆うようにして、下端に針を入れる。

ステッチ見本

ラップドフレンチノットで、ぷっくりとまるみのあるスズランの花を表現。 **>> 作品P.146**

ギャザーを寄せたリボンで刺し埋めるステッチ
ヒヤシンスステッチ

＊25番刺しゅう糸はリボンと同色を使用する（写真ではわかりやすいように異なる色を使用）。

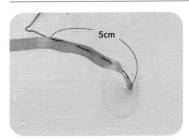

1 リボンは35cmにカットし、図案線の内側（どこでもOK）から針を出す。25番刺しゅう糸・1本どりで、リボンの端を根元から5cm並縫いする。

2 糸を引いてギャザーを寄せ、図案内に収まる位置にリボンを倒し、針を入れて縫いとめる。

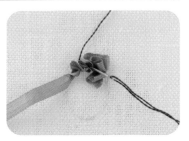

3 リボンの根元から針を出し、①、②と同様にしてリボンを縫いとめるのを繰り返す。

4 図案内を刺し埋め終わったら、リボンの端は裏側へ出す。最後に、リボンの端を糸で縫いとめながら形を整える。

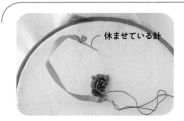

休ませている針

リボンを倒す方向はランダムに

リボンは図案内に収まればどの向きに倒してもOK。使っていない方の針は、表側の離れた位置に刺して休ませておきます。

刺してみましょう！

図案

・3.5mm＝No.1540、4mm＝No.1547 の刺しゅう用リボン／MOKUBA。

・#25＝25番刺しゅう糸／DMC。

図案の見方 >> P.18
実物大図案 >> P.152

下準備

・布に図案を写す。

図案の写し方のキホン >> P.12

＊右の1本のみで解説。

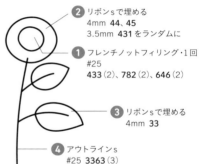

② リボンsで埋める
4mm **44**、**45**
3.5mm **431** をランダムに

① フレンチノットフィリング・1回
#25
433（2）、**782**（2）、**646**（2）

③ リボンsで埋める
4mm **33**

④ アウトラインs
#25 **3363**（3）

＊工程内のステッチ名は「・・・s」と省略。

フレンチノットフィリング

Step1 花芯をステッチする

＊刺し始めと刺し終わりは、玉結び・玉どめをする。

リボンs

Step2 花びらをステッチする

① 25番刺しゅう糸・2本どりで、フレンチノットフィリング（P.25）を刺す。**433**（茶色）で輪郭を刺す。

＊実際の図案は、花びらは1枚ずつ描かず、P.152のように円を写す。

② 外側→内側に向かって**433**（茶色）、**782**（黄土色）、**646**（灰緑）で刺し埋める。

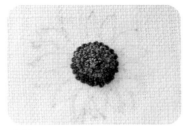

③ 4mm幅・**44**（黄色）のリボンでリボンsを刺す。隙間があかないように花芯の際から針を出す。

刺し始め >> P.137

④ 外側に向かって針を入れ、リボンsを1目刺したところ。

ひと針ひと針、しごいてステッチ

⑤ すぼまっているリボンの根元を針でしごいて広げ、ねじれのないように整えてから刺す。

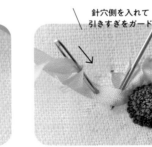

針穴側を入れて引きすぎをガード

⑥ リボンは強く引きすぎずにふっくら感を残す。慣れないうちは、リボンの下に別の針を入れてリボンを引く。

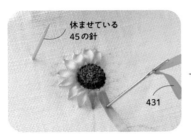

休ませている**45**の針

431

⑦ 4mm幅・**45**（薄黄）、3.5mm幅・**431**（黄土色）をランダムに混ぜながら、1周刺し埋める。

Point

・少し重ねたり、並べたりと、花びらどうしの重ね具合はランダムに刺します。

・残り10cmくらいになったら新しいリボンに交換しましょう。

・他の色を刺しているときは、裏側でリボンが絡まないように、離れた位置に針を刺して休ませておきます。

431

⑧ 最後に色のバランスをチェック。アクセントとなる**431**を刺し足しているところ。

リボン刺しゅう

Lesson

⑨ 花びらを刺し終わったところ。
刺し終わり >> P.137

⑨ 花びらを刺し終わったところ。
刺し終わり >> P.137

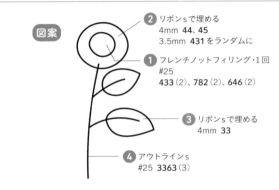

図案

② リボンsで埋める
4mm **44**、**45**
3.5mm **431** をランダムに

① フレンチノットフィリング・1回
#25
433（2）、**782**（2）、**646**（2）

③ リボンsで埋める
4mm **33**

④ アウトラインs
#25 **3363**（3）

リボンs

Step3 葉をステッチする

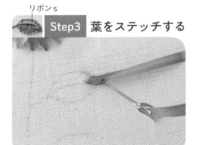

⑩ 4mm幅・**33**（薄緑）のリボンでリボンsを刺す。中心線の先端から葉先に向かって1目刺す。

＼ 内側→外側に向かって刺します ／

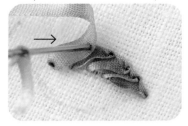

⑪ 中心線より上半分を、前に刺したステッチに少しずつ重ねながらリボンsで埋める。

⑫ 上半分を刺し終わったところ。

⑬ 下半分と、もう1枚も同様に刺す。

アウトラインs

Step4 茎をステッチする

⑭ **3363**（緑）の25番刺しゅう糸・3本どりで、アウトラインsを刺す。このとき、刺し始めは、隙間があかないように花びらのリボンの下から針を出す。

⑮ 葉の中心線部分→茎に向かってアウトラインsを刺す。もう1本も同様に。

裏側

⑯ すべての糸、リボンの始末をした裏側の様子。

最後の仕上げ

⑰ 図案線を消してアイロンで整える。リボンは熱に弱いので、刺しゅう位置ギリギリの布のみに、表側からアイロンをかける。

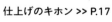

仕上げのキホン >> P.17

＼ でき上がり！ ／

Vegetable & Summer botanical plants

図案 >> P.152

デザイン・制作…favoritecloset 古賀智子

お花のサンプル

図案 >> P.148

デザイン・制作…favoritecloset 古賀智子

　　　　　　　　　　　布…国産仕様リネン100％広幅キャンバス（OW オフホワイト）／たけみや

ハート形の
オーナメント

左ページの花を一面に刺して、
お花畑のようなオーナメントに仕立てました。
小さい方は、P.150のブーケをばらしてアレンジ。
中にポプリを詰めて、サシャにしても素敵です。

図案 >> P.149 ｜ How to make >> P.175

デザイン・制作…favoritecloset 古賀智子

- 指定以外はエンブロイダリーリボン／MOKUBA。3.5mm・7mm＝No.1540、4mm＝No.1547。太字の数字はリボンの色番号。
- #25＝25番刺しゅう糸／DMC。指定以外、線のステッチはアウトラインステッチ。
- 茎は、葉や花で見えなくなる部分も刺す。
- 糸は一部、色を組み合わせて使用。　**糸のブレンドの方法 >> P.15**
- 図案の見方はP.18参照。

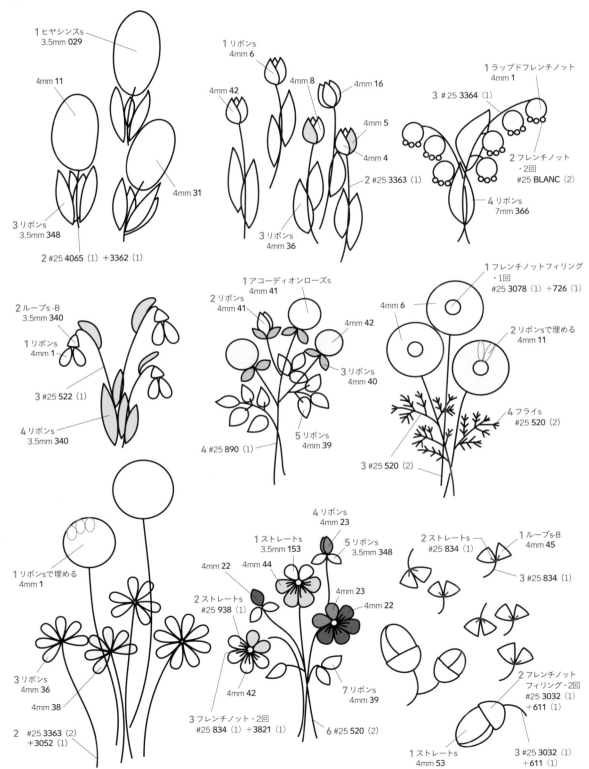

ハート形のオーナメント

- 指定以外はエンブロイダリーリボン／MOKUBA。3.5mm ＝ No.1540、4mm ＝ No.1547。太字の数字はリボンの色番号。
- #25 ＝ 25番刺しゅう糸／DMC。指定以外、線のステッチはアウトラインステッチ。
- 茎は、葉や花で見えなくなる部分も刺す。
- 糸は一部、色を組み合わせて使用。 **糸のブレンドの方法 >> P.15**
- 図案の見方はP.18参照。

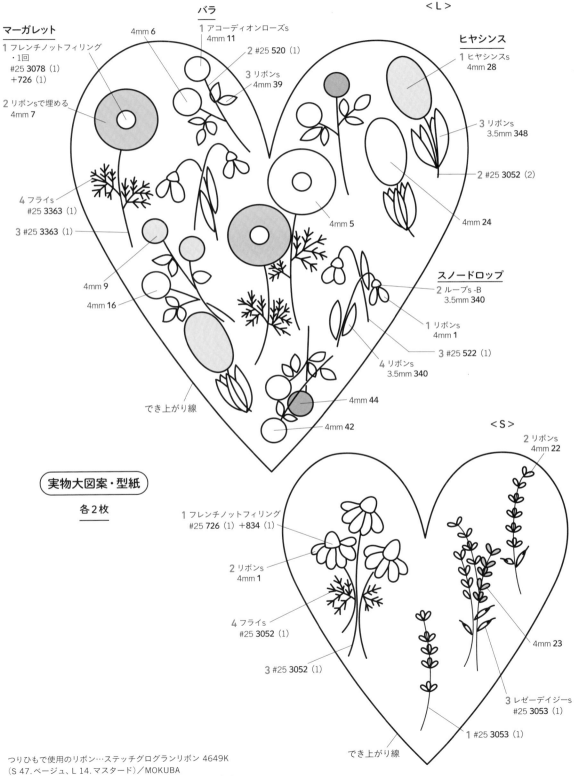

マーガレット

1 フレンチノットフィリング
　・1回
　#25 **3078**（1）
　＋**726**（1）

2 リボンsで埋める
　4mm **7**

4 フライs
　#25 **3363**（1）

3 #25 **3363**（1）

4mm **9**

4mm **16**

バラ

4mm **6**

1 アコーディオンローズs
　4mm **11**

2 #25 **520**（1）

3 リボンs
　4mm **39**

4mm **5**

＜L＞

ヒヤシンス

1 ヒヤシンスs
　4mm **28**

3 リボンs
　3.5mm **348**

2 #25 **3052**（2）

4mm **24**

スノードロップ

2 ループs -B
　3.5mm **340**

1 リボンs
　4mm **1**

3 #25 **522**（1）

4 リボンs
　3.5mm **340**

4mm **44**

4mm **42**

でき上がり線

（実物大図案・型紙）

各2枚

1 フレンチノットフィリング
　#25 **726**（1）＋**834**（1）

2 リボンs
　4mm **1**

4 フライs
　#25 **3052**（1）

3 #25 **3052**（1）

＜S＞

2 リボンs
　4mm **22**

4mm **23**

3 レゼーデイジーs
　#25 **3053**（1）

1 #25 **3053**（1）

できあがり線

リボン刺しゅう

つりひもで使用のリボン…ステッチグログランリボン 4649K
（S 47.ベージュ、L 14.マスタード）／MOKUBA
布…国産仕様リネン100％広幅キャンバス（NN ナチュラル）／たけみや

フラワーリース＆ブーケ

図案 >> P.151

デザイン・制作…favoritecloset 古賀智子

布…国産仕様リネン100％広幅キャンバス（OW オフホワイト）／たけみや

- 指定以外はエンブロイダリーリボン／MOKUBA。3.5mm・7mm＝No.1540、4mm＝No.1547。太字の数字はリボンの色番号。
- #25＝25番刺しゅう糸／DMC。指定以外、線のステッチはアウトラインステッチ。
- 茎やかごは、葉や花で見えなくなる部分も刺す。
- 糸は一部、色を組み合わせて使用。 **糸のブレンドの方法 >> P.15**
- 図案の見方はP.18参照。

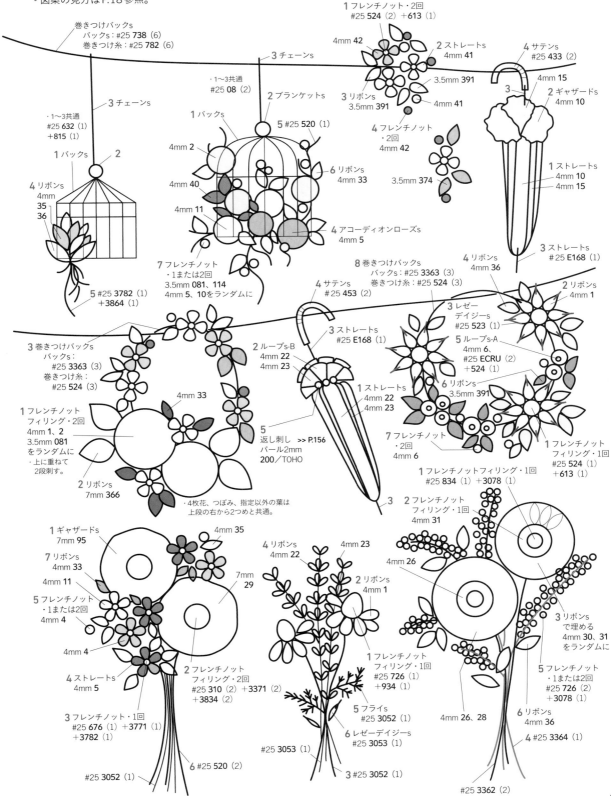

1 フレンチノット・2回
#25 **524**（2）＋**613**（1）

4mm **42**

2 ストレートs
4mm **41**

4 サテンs
#25 **433**（2）

巻きつけバックs
バックs：#25 **738**（6）
巻きつけ糸：#25 **782**（6）

3 チェーンs

3.5mm **391**

4mm **15**

3

2 ギャザードs
4mm **10**

3 チェーンs

・1～3共通
#25 **08**（2）

2 ブランケットs

3 リボンs
3.5mm **391**

4mm **41**

・1～3共通
#25 **632**（1）
＋**815**（1）

1 バックs

5 #25 **520**（1）

4 フレンチノット
・2回
4mm **42**

1 ストレートs
4mm **10**
4mm **15**

1 バックs

2

4mm **2**

6 リボンs
4mm **33**

3.5mm **374**

4 リボンs
4mm
35
36

4mm **40**

4mm **11**

4 アコーディオンローズs
4mm **5**

3 ストレートs
#25 E168（1）

4 リボンs
4mm **36**

5 #25 **3782**（1）
＋**3864**（1）

7 フレンチノット
・1または2回
3.5mm **081**、**114**
4mm **5**、**10**をランダムに

8 巻きつけバックs
バックs：#25 **3363**（3）
巻きつけ糸：#25 **524**（3）

2 リボンs
4mm **1**

4 サテンs
#25 **453**（2）

3 レゼー
デイジーs
#25 **523**（1）

3 巻きつけバックs
バックs：
#25 **3363**（3）
巻きつけ糸：
#25 **524**（3）

3 ストレートs
#25 E168（1）

2 ループs-B
4mm **22**
4mm **23**

5 ループs-A
4mm **6**、
#25 ECRU（2）
＋**524**（1）

6 リボンs
3.5mm **391**

4mm **33**

1 フレンチノット
フィリング・2回
4mm **1**、**2**
3.5mm **081**
をランダムに
・上に重ねて
2段刺す。

1 ストレートs
4mm **22**
4mm **23**

7 フレンチノット
・2回
4mm **6**

2 リボンs
7mm **366**

5
返し刺し >> P.156
パール2mm
200／TOHO

1 フレンチノットフィリング・1回
#25 **524**（1）
＋**613**（1）

1 フレンチノットフィリング・1回
#25 **834**（1）＋**3078**（1）

3

・4枚花、つぼみ、指定以外の葉は
上段の右から2つめと共通。

2 フレンチノット
フィリング・1回
4mm **31**

1 ギャザードs
7mm **95**

4mm **35**

4 リボンs
4mm **22**

4mm **23**

4mm **26**

7 リボンs
4mm **33**

2 リボンs
4mm **1**

4mm **11**

7mm
29

5 フレンチノット
・1または2回
4mm **4**

1 フレンチノット
フィリング・1回
#25 **726**（1）
＋**934**（1）

3 リボンs
で埋める
4mm **30**、**31**
をランダムに

4mm **4**

2 フレンチノット
フィリング・2回
#25 **310**（2）＋**3371**（2）
＋**3834**（2）

5 フレンチノット
・1または2回
#25 **726**（2）
＋**3078**（1）

4 ストレートs
4mm **5**

5 フライs
#25 **3052**（1）

6 リボンs
4mm **36**

3 フレンチノット・1回
#25 **676**（1）＋**3771**（1）
＋**3782**（1）

6 レゼーデイジーs
#25 **3053**（1）

4 #25 **3364**（1）

6 #25 **520**（2）

#25 **3053**（1）

3 #25 **3052**（1）

#25 **3362**（2）

リボン刺しゅう

Vegetable&Summer botanical plants

- 指定以外はエンブロイダリーリボン／MOKUBA。3.5mm・7mm＝No.1540、4mm＝No.1547。太字の数字はリボンの色番号。
- #25＝25番刺しゅう糸／DMC。指定以外、線のステッチはアウトラインステッチ。
- 茎は、葉や花で見えなくなる部分も刺す。
- 糸は一部、色を組み合わせて使用。　糸のブレンドの方法 >> P.15
- 図案の見方はP.18参照。

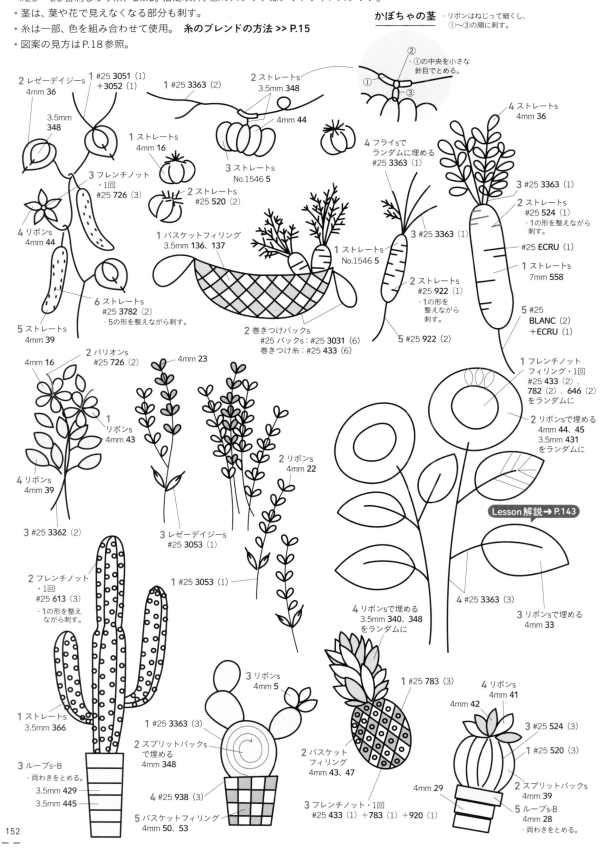

かぼちゃの茎 ・リボンはねじって細くし、①〜③の順に刺す。
・①の中央を小さな針目でとめる。

2 レゼーデイジーs
4mm **36**

1 #25 **3051**（1）
＋**3052**（1）

3.5mm **348**

1 #25 **3363**（2）

2 ストレートs
3.5mm **348**

4mm **44**

1 ストレートs
4mm **16**

3 フレンチノット
・1回
#25 **726**（3）

4 リボンs
4mm **44**

6 ストレートs
#25 **3782**（2）
・5の形を整えながら刺す。

5 ストレートs
4mm **39**

3 ストレートs
No.1546 **5**

2 ストレートs
#25 **520**（2）

1 バスケットフィリング
3.5mm **136**、**137**

2 巻きつけバックs
#25 バックs：#25 **3031**（6）
巻きつけ糸：#25 **433**（6）

4 フライsで
ランダムに埋める
#25 **3363**（1）

1 ストレートs
No.1546 **5**

3 #25 **3363**（1）

2 ストレートs
#25 **922**（1）
・1の形を
整えながら
刺す。

5 #25 **922**（2）

4 ストレートs
4mm **36**

3 #25 **3363**（1）

2 ストレートs
#25 **524**（1）
・1の形を整えながら
刺す。

#25 **ECRU**（1）

1 ストレートs
7mm **558**

5 #25
BLANC（2）
＋**ECRU**（1）

1 フレンチノット
フィリング・1回
#25 **433**（2）、
782（2）、**646**（2）
をランダムに

2 リボンsで埋める
4mm **44**、**45**
3.5mm **431**
をランダムに

4 #25 **3363**（3）

3 リボンsで埋める
4mm **33**

Lesson解説 → P.143

4mm **16**

2 バリオンs
#25 **726**（2）

4mm **23**

1 リボンs
4mm **43**

2 リボンs
4mm **22**

4 リボンs
4mm **39**

3 #25 **3362**（2）

3 レゼーデイジーs
#25 **3053**（1）

1 #25 **3053**（1）

2 フレンチノット
・1回
#25 **613**（3）
・1の形を整え
ながら刺す。

1 ストレートs
3.5mm **366**

3 ループs-B
・両わきをとめる。
3.5mm **429**
3.5mm **445**

3 リボンs
4mm **5**

1 #25 **3363**（3）

2 スプリットバックs
で埋める
4mm **348**

4 #25 **938**（3）

5 バスケットフィリング
4mm **50**、**53**

4 リボンsで埋める
3.5mm **340**、**348**
をランダムに

1 #25 **783**（3）

2 バスケット
フィリング
4mm **43**、**47**

3 フレンチノット・1回
#25 **433**（1）＋**783**（1）＋**920**（1）

4 リボンs
4mm **41**

4mm **42**

3 #25 **524**（3）

1 #25 **520**（3）

2 スプリットバックs
4mm **39**

4mm **29**

5 ループs-B
4mm **28**
・両わきをとめる。

Chapter

6 ビーズ刺しゅう

ビーズ刺しゅうとは

ビーズの輝きは高級感があり、スパングルを組み合わせることで多彩な表現ができるのが魅力。糸とは異なる輝きは、作品に華やかさを添えてくれます。小さいモチーフでも存在感があり、ファッションアイテムに、インテリアにと幅広く楽しめます。

図案 >> P.168 デザイン・制作…あべまり

Chapter 6

ビーズ刺しゅうのキホン

＊ビーズには個体差があり、同じパック内でも大きさや形状が多少異なる場合があります。穴に針が通らない場合は、針を細くするか、針が通るビーズに替えましょう。

ビーズ・スパングル

丸大ビーズ
まるみのある定番ビーズのひとつで、色数も豊富。外径約3mm。

アンティークビーズ
金属ビーズのような風合いが特徴。「丸小（外径約1.65mm）」を使用。穴は大きめ。

＊本書では、定番の丸小ビーズより穴が大きく扱いやすい「アンティークビーズ」と「Takumi LH ビーズ」を選びました。

Takumi LH ビーズ
穴の大きなビーズ。「丸中（外径約2.6mm）」と「丸小（外径約2.2mm）」を使用。

竹ビーズ
細長い形状のビーズ。「一分竹（長さ約3mm）」と「二分竹（長さ約6mm）」を使用。

パールビーズ 丸型
パール調の光沢がある樹脂製ビーズ。外径「3mm」「4mm」「5mm」を使用。

スパングル 5mm
浅いお椀状の「亀甲」とまるくて平らな「平丸」の2種。ともにウォッシャブルタイプを使用。

糸通しビーズの扱い方

シールから糸端を1本引き抜いて必要な個数のビーズを抜きます。

≫

ビーズが抜けないように、端の1粒を巻き込むようにしてひと結びを。

スパングルには表と裏があります
「亀甲」はへこんでいる面、「平丸」は縁にまるみがある面が表です。「亀甲」はデザインに合わせて裏表自由に楽しめます。「平丸」の裏表が見分けにくい場合は気にせず使いましょう。

布
布の厚さは中厚地がおすすめです。
≫ P.10

針
フランス刺しゅう針（クロバーの9番と10番）を使用。
≫ P.9

糸
耐久性のある手縫い糸と、色が豊富な25番刺しゅう糸を使用。手縫い糸は布、ビーズまたはスパングルの色に合わせます。

手縫い糸

#20 ボタンつけ糸

#50 シャッペスパン

あると便利！

ビーズマット
毛足が長く、弾力のあるビーズワーク専用のマットです。ビーズが転がったり跳ねたりせず、針でビーズを拾いやすいので、スムーズに作業できます。

提供…ビーズ・スパングル／TOHO

ビーズとスパングルの刺し方のキホン

刺し始め

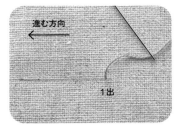

進む方向 ←

1出

① 糸端は玉結びをし、1から針を出す。

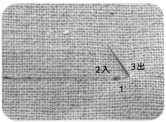

2入　3出
1

② ビーズで隠れる位置に小さく返し縫いをし、図案の始まり位置の3から針を出す。

刺し終わり

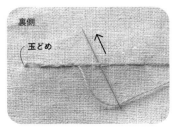

裏側
玉どめ

裏側で玉どめをし、針目4、5目にくぐらせ、余分な糸をカットする。

ビーズの刺し方

*丸ビーズ、竹ビーズ共通。

ビーズを1粒または2、3粒を一緒に固定
ストレート刺し

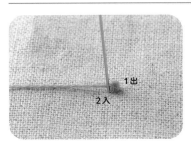

1出
2入

① 1から針を出してビーズを通し、ビーズの際に、布と垂直に針を入れる。

② 丸ビーズを2粒一緒に通したり、丸ビーズと竹ビーズを組み合わせたりして通すことも。

しっかり固定したいときは「二度縫い」をします

2回繰り返して縫うことで、ビーズの浮きも押さえられます。2回目は、1回目に通した糸を割らないように、針先をビーズ穴の上面にこするようにして通しましょう。

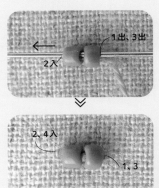

1出、3出
2入

≫

2、4入
1、3

ビーズでコーチングステッチ（P.26）
コーチング刺し

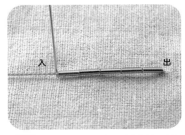

入　　　　出

① 針を出してビーズを通し、最後のビーズの際に入れる。糸は始末せずに休ませておく。

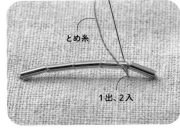

とめ糸

1出、2入

② とめ糸を用意してビーズとビーズの間をとめていく。
＊とめ糸の刺し始めは玉結びのみする。

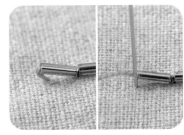

③ 最後のビーズが浮いてしまう場合は、①の休ませていた糸を表側に引き出し、ビーズの際に針を入れ直す。

ビーズ刺しゅう

刺し方　ビーズ刺しゅうのキホン／

しっかりとまってきれいな線に
返し刺し

ビーズどうしの間を糸1本分あける
感覚で刺すときれいな線になります。

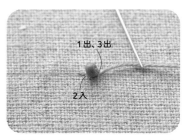

1出、3出
2入

① ストレート刺し（P.155）の要領でビーズ1粒を刺し、刺し始めの1に戻って針を出す。

新しいビーズ

② ①のビーズに針を入れ、新しいビーズを1粒通す。

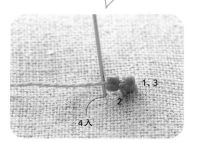

1、3
2
4入

③ ビーズの際に垂直に針を入れる。

4　1、3
2、5出

④ 糸を割らないように、ビーズとビーズの間から針を出す。

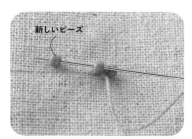

新しいビーズ

⑤ 2つめのビーズに針を入れ、新しいビーズを1粒通す。これを繰り返す。

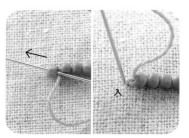

入

⑥ 最後の1粒は二度縫いをし、ビーズの際に針を垂直に入れる。

◆ 知っておきたい ◆

返し刺しの途中で糸を替える方法

糸が短くなったら、最後のビーズは二度縫いせずに始末を（下図参照）。新しい糸を用意し、つながって見えるように再スタートします。

最後のビーズ
布
玉どめをして
刺し終わりの始末をする

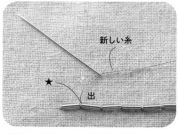

新しい糸
★
出

① 新しい糸を最後の2粒のビーズの間（★）から出す。

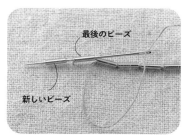

最後のビーズ
新しいビーズ

② 最後のビーズに針を入れ、新しいビーズを1粒通して刺し進める。

Point
スパングルを刺しゅうするときは、図案線の端または点とスパングルの穴を合わせます。

1枚ずつとめる方法

片側どめ

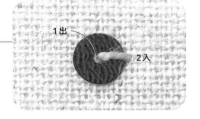

1出
2入

両側どめ

1出、4入
3出
2入

3か所どめ

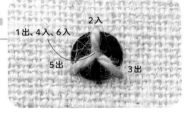

2入
1出、4入、6入
5出
3出

十字どめ

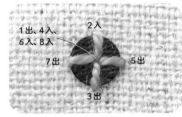

2入
1出、4入、6入、8入
7出
5出
3出

糸が見えないように片側どめ
糸を隠す重ね刺し（重ね刺しA）

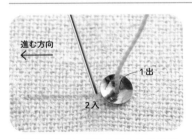
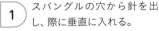

進む方向
1出
2入

1 スパングルの穴から針を出し、際に垂直に入れる。

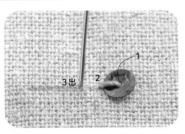

3出
1
2

2 スパングルの半径分先から針を出す。

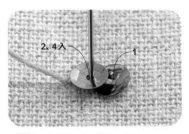

2、4入
1

3 ②のスパングルに新しいスパングルを半分重ね、スパングルの穴に針を入れる。②、③を繰り返す。

糸が見えるように片側どめ
糸を見せる重ね刺し（重ね刺しB）

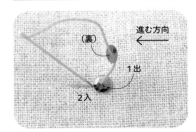

（裏）
進む方向
1出
2入

1 スパングルの穴から針を出し、もう1枚スパングルを通し、1枚めのスパングルの縁の際に入れる。

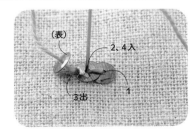

（表）
2、4入
1
3出

2 2枚めのスパングルの縁の際から針を出し、3枚めのスパングルを通し、2枚めのスパングルの穴に入れる。これを繰り返す。

スパングルの円の
つなぎ方はP.158を参照

ステッチ見本

縫いとめている糸を目立たせてデザインの一部に。
>> 作品P.161

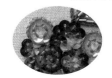

ビーズ刺しゅう

刺し方

スパングルにビーズを重ねてとめる
ビーズでとめる

1出

1 スパングルの穴から針を出す。

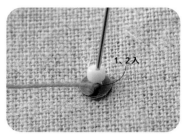

1、2入

2 ビーズを1粒通し、スパングルの穴に針を入れる。

スパングルが立ち上がって立体に
立体の花びら刺し

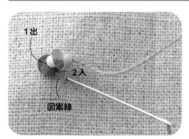

1出
2入
図案線

1 図案線の端から針を出し、スパングルとビーズを交互に通し、反対側の図案線の端に入れる。

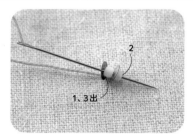

2
1、3出

2 1と同じ針穴から針を出し、スパングルとビーズにもう一度針を入れる。

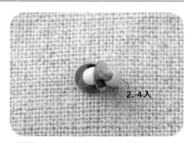

2
2、4入

3 2と同じ針穴に針を入れ、しっかりとめる（二度縫い）。

>>> 知っておきたい <<<

円をきれいにつなぐ方法
＊糸を見せる重ね刺し（P.157）で解説。

残りのスパングルは間隔を調整してとめます。

進む方向

1 図案の残り1/4のところで、あと何枚入るか確認してから刺し進める。

★
入

2 最後の1枚（★）は、左隣の1枚めのスパングルの下に入れ込んで刺す。

出 ★ 入

3 1枚めのスパングルの穴から針を出し、最後のスパングルの穴に入れる。

Lesson 刺してみましょう！

P.161 さくらんぼ

図案
- ビーズ／TOHO。
- #25＝25番刺しゅう糸／DMC。
- 指定以外、糸は手縫い糸（薄グレイ）を使用。

図案の見方 >> P.18
実物大図案 >> P.164

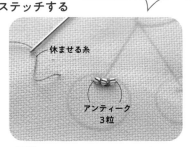

② アウトラインs
#25 702（6）

① 返し刺し
アンティーク 22

⑤ コーチング刺し、ストレート
刺しで埋める
一分竹 165

④ コーチング刺しで埋める
丸大 45A

③ 返し刺し
丸大 45A

⑥ 返し刺し
一分竹 167

⑦ コーチング刺し
で埋める
一分竹 167

＊わかりやすいように、作品と異なる手縫い糸の色と、布を使用しています。
＊工程内のステッチ名は「・・・s」と省略。
＊ビーズとスパングルは面積があるので、仕上がりは図案より少し大きくなります。

糸は続けて⑤で使用するので、
カットせず、表側に出して休ま
せておきます。

下準備
- 布に図案を写す。

図案の写し方のキホン >> P.12

Step1 実の内側のラインをステッチする

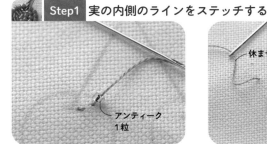

返し刺し

アンティーク
1粒

休ませる糸

アンティーク
3粒

1 手縫い糸を図案線の端から
出し、アンティークビーズの
22（ゴールド）を1粒通す。
刺し始め >> P.155

2 3粒を返し刺しする。裏側で
玉どめをする。

Step2 茎をステッチする

刺し始めと刺し終わりのキホン≫P.16

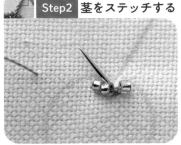

アウトラインs

3 702（緑）の25番刺しゅう糸・
6本どりを②のビーズから離
れないように際から出す。

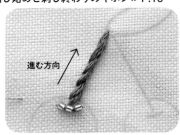

進む方向

4 アウトラインsを刺す。
**アウトラインsの刺し始め
>> P.33**

Step3 実の輪郭を
ステッチする

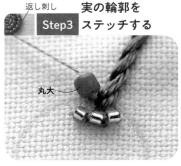

返し刺し

丸大

5 休ませていた手縫い糸を茎
の際から出し、丸大ビーズの
45A（赤）を返し刺しする。

Step4 実の内側をステッチする

コーチング刺し

6 1周、返し刺しで輪郭を仕上
げる。

丸大6粒

7 手縫い糸を②と輪郭のビー
ズの近くから出し、丸大ビー
ズの45A（赤）を6粒通す。

Point
ビーズとスパングルの数は
調整しましょう！

ビーズとスパングルのサイズには個
体差があるので、図案に記している数
は目安です。刺す数、刺す位置を調整
しながら仕上げてください。

ビーズ刺しゅう

159

図案

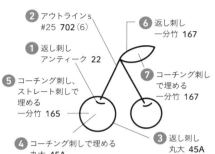

2 アウトラインs #25 702(6)

6 返し刺し 一分竹 167

1 返し刺し アンティーク 22

7 コーチング刺し で埋める 一分竹 167

5 コーチング刺し、ストレート刺しで埋める 一分竹 165

4 コーチング刺しで埋める 丸大 45A

3 返し刺し 丸大 45A

8 輪郭のビーズに沿って、ビーズがきれいに並ぶように針を垂直に刺し入れてコーチング刺しをする。

丸大3粒

9 内側にもう1列、3粒をコーチング刺しする。

コーチング刺し、ストレート刺し

Step5 実の内側をステッチする

一分竹 2粒

10 一分竹ビーズの165(赤)で刺し埋める。8と輪郭のビーズの近くから手縫い糸を出し、竹ビーズ2粒を通してコーチング刺しする。

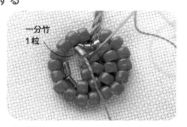

一分竹 1粒

11 残りの部分を1粒のときはストレート刺し、2粒以上のときはコーチング刺しで埋める。

裏側

12 隙間なく内側を刺し埋めて、左側の実が完成。右側も1〜11と同様に刺す。

返し刺し

Step6 葉の輪郭をステッチする

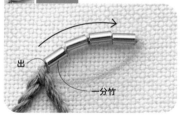

出

一分竹

13 手縫い糸を茎の際から出し、一分竹ビーズの167(緑)を返し刺しする。

14 角は隙間ができないように針を出し、残りの輪郭を返し刺しする。

角をきれいに刺すコツ

図案線に沿って刺すと角にビーズがない状態になってしまうので、一方のビーズの断面が、もう一方のビーズの側面と接するようにします。

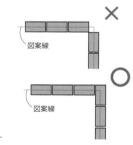

図案線

×

図案線

○

コーチング刺し

Step7 葉の内側をステッチする

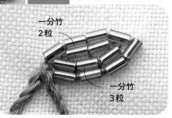

一分竹 2粒

一分竹 3粒

15 輪郭に沿って、手縫い糸で一分竹ビーズの167(緑)を1列ずつコーチング刺しで埋める。

最後の仕上げ

図案線を消してアイロンで整える。ビーズとスパングルは熱に弱く変形・変色してしまう場合があるので、布のみに表側からアイロンをかける。

仕上げのキホン >> P.17

でき上がり！

モチーフ

図案 >> P.164

デザイン・制作…あべまり

模様 ❶

図案 >> P.165

デザイン・制作…あべまり

布…国産仕様リネン100％広幅キャンバス（113 アイボリー）／たけみや

襟元のアクセントに

既製品をカスタマイズ。
シャツの襟に左ページの図案を
ステッチしました。
ビーズのきらきら感がプラスされて、
華やかなおしゃれ着に。
片襟だけに刺しゅうしてもアクセントになります。

図案 >> P.165

デザイン・制作…あべまり

How to make

・襟の外側のラインと竹ビーズが平行になるように図案を写す。
・襟端側の竹ビーズ1粒は刺さない。
・左右の襟で対称になるように仕上げる。

モチーフ

- ビーズ・スパングル／TOHO。
- #25＝25番刺しゅう糸／DMC。
- 図案の見方はP.18参照。

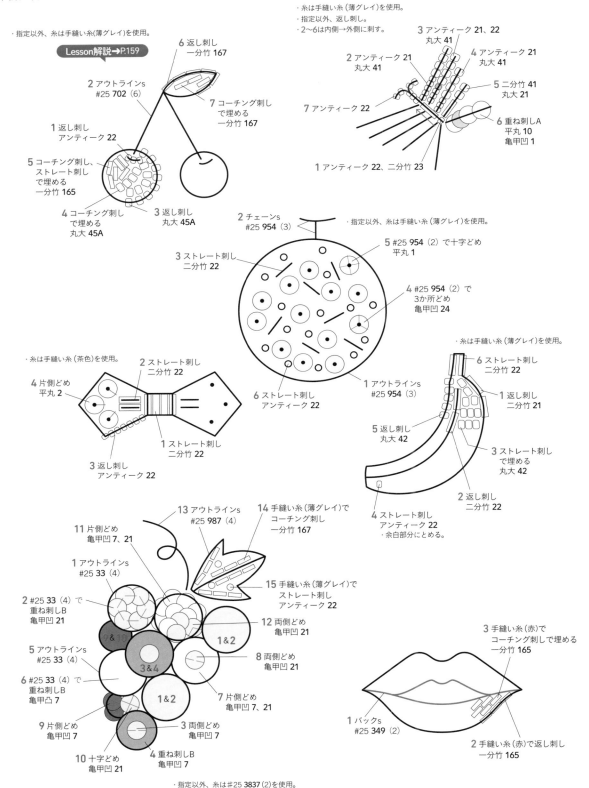

・指定以外、糸は手縫い糸（薄グレイ）を使用。

Lesson解説→P.159

6 返し刺し
一分竹 167

2 アウトラインs
#25 702（6）

7 コーチング刺し
で埋める
一分竹 167

1 返し刺し
アンティーク 22

5 コーチング刺し、
ストレート刺し
で埋める
一分竹 165

4 コーチング刺し
で埋める
丸大 45A

3 返し刺し
丸大 45A

・糸は手縫い糸（薄グレイ）を使用。
・指定以外、返し刺し。
・2〜6は内側→外側に刺す。

3 アンティーク 21、22
丸大 41

2 アンティーク 21
丸大 41

4 アンティーク 21
丸大 41

5 二分竹 41
丸大 21

7 アンティーク 22

6 重ね刺しA
平丸 10
亀甲凹 1

1 アンティーク 22、二分竹 23

2 チェーンs
#25 954（3）

・指定以外、糸は手縫い糸（薄グレイ）を使用。

5 #25 954（2）で十字どめ
平丸 1

4 #25 954（2）で
3か所どめ
亀甲凹 24

3 ストレート刺し
二分竹 22

1 アウトラインs
#25 954（3）

6 ストレート刺し
アンティーク 22

・糸は手縫い糸（茶色）を使用。

2 ストレート刺し
二分竹 22

4 片側どめ
平丸 2

1 ストレート刺し
二分竹 22

3 返し刺し
アンティーク 22

・糸は手縫い糸（薄グレイ）を使用。

6 ストレート刺し
二分竹 22

1 返し刺し
二分竹 21

3 ストレート刺し
で埋める
丸大 42

5 返し刺し
丸大 42

2 返し刺し
二分竹 22

4 ストレート刺し
アンティーク 22
・余白部分にとめる。

13 アウトラインs
#25 987（4）

14 手縫い糸（薄グレイ）で
コーチング刺し
一分竹 167

11 片側どめ
亀甲凹 7、21

1 アウトラインs
#25 33（4）

15 手縫い糸（薄グレイ）で
ストレート刺し
アンティーク 22

2 #25 33（4）で
重ね刺しB
亀甲凹 21

12 両側どめ
亀甲凹 21

9 & 10

1 & 2

5 アウトラインs
#25 33（4）

8 両側どめ
亀甲凹 21

3 & 4

6 #25 33（4）で
重ね刺しB
亀甲凸 7

1 & 2

7 片側どめ
亀甲凹 7、21

9 片側どめ
亀甲凹 7

3 両側どめ
亀甲凹 7

10 十字どめ
亀甲凹 21

4 重ね刺しB
亀甲凹 7

3 手縫い糸（赤）で
コーチング刺しで埋める
一分竹 165

1 バックs
#25 349（2）

2 手縫い糸（赤）で返し刺し
一分竹 165

・指定以外、糸は#25 3837（2）を使用。
・8、10、12は余白部分にとめる。

- ビーズ・スパングル／TOHO。指定以外、刺し方はストレート刺し。
- #25＝25番刺しゅう糸／DMC。
- 指定以外、糸は手縫い糸（ベージュ）を使用。
- 図案の見方はP.18参照。

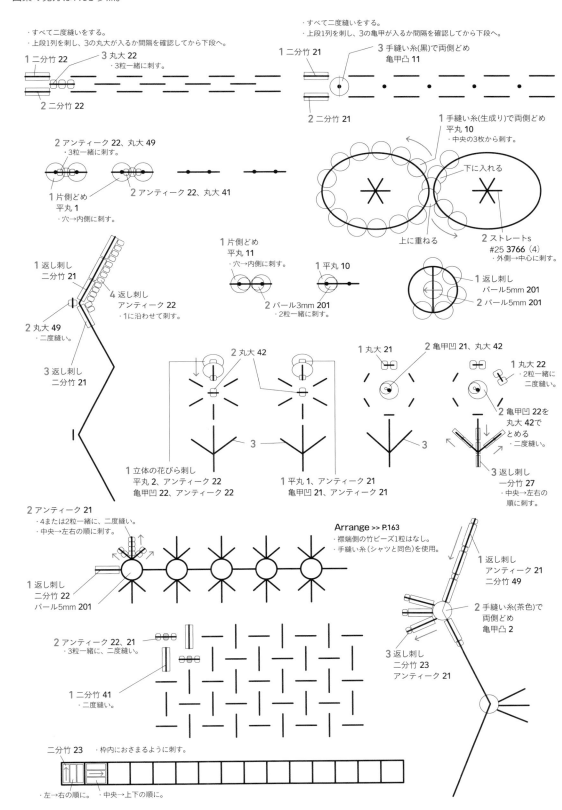

・すべて二度縫いをする。
・上段1列を刺し、3の丸大が入るか間隔を確認してから下段へ。

1 二分竹 22
3 丸大 22
・3粒一緒に刺す。
2 二分竹 22

・すべて二度縫いをする。
・上段1列を刺し、3の亀甲が入るか間隔を確認してから下段へ。

1 二分竹 21
3 手縫い糸(黒)で両側どめ
亀甲凸 11
2 二分竹 21

2 アンティーク 22、丸大 49
・3粒一緒に刺す。
1 片側どめ
平丸 1
・穴→内側に刺す。
2 アンティーク 22、丸大 41

1 手縫い糸(生成り)で両側どめ
平丸 10
・中央の3枚から刺す。
下に入れる
上に重ねる
2 ストレートs
#25 3766 (4)
・外側→中心に刺す。

1 返し刺し
二分竹 21
4 返し刺し
アンティーク 22
・1に沿わせて刺す。
2 丸大 49
・二度縫い。
3 返し刺し
二分竹 21

1 片側どめ
平丸 11
・穴→内側に刺す。
2 パール3mm 201
・2粒一緒に刺す。
1 平丸 10

1 返し刺し
パール5mm 201
2 パール5mm 201

1 丸大 21
2 丸大 42
2 亀甲凹 21、丸大 42
1 丸大 22
・2粒一緒に
二度縫い。
2 亀甲凹 22を
丸大 42で
とめる
・二度縫い。
3 返し刺し
一分竹 27
・中央→左右の
順に刺す。

1 立体の花びら刺し
平丸 2、アンティーク 22
亀甲凹 22、アンティーク 22
3
1 平丸 1、アンティーク 21
亀甲凹 21、アンティーク 21
3

2 アンティーク 21
・4または2粒一緒に、二度縫い。
・中央→左右の順に刺す。
1 返し刺し
二分竹 22
パール5mm 201

Arrange >> P.163
・襟端側の竹ビーズ1粒はなし。
・手縫い糸(シャツと同色)を使用。
1 返し刺し
アンティーク 21
二分竹 49
2 手縫い糸(茶色)で
両側どめ
亀甲凸 2
3 返し刺し
二分竹 23
アンティーク 21

2 アンティーク 22、21
・3粒一緒に、二度縫い。
1 二分竹 41
・二度縫い。

二分竹 23
・枠内におさまるように刺す。
・左→右の順に。
・中央→上下の順に。

模様 ❷

図案 >> P.167

デザイン・制作…あべまり

布…国産仕様リネン100％広幅キャンバス（113 アイボリー）／たけみや

• ビーズ・スパングル／TOHO。指定以外、刺し方はストレート刺し。

• #25＝25番刺しゅう糸／DMC。上段と下段・左の図案を除き、指定以外、糸は手縫い糸（ベージュ）を使用。

• 図案の見方はP.18参照。

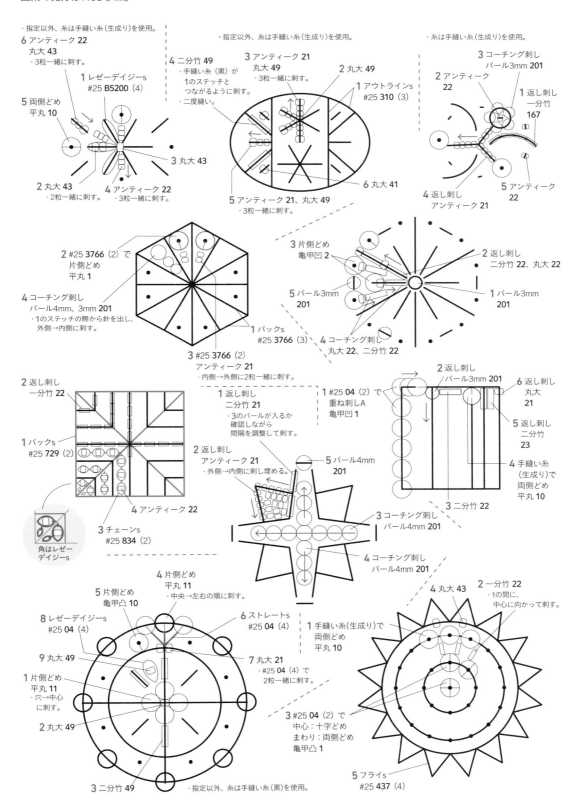

- ビーズ・スパングル／TOHO。T.LH＝Takumi LHビーズ。
- #25＝25番刺しゅう糸／DMC。
- 指定以外、糸は手縫い糸（布と同色のエメラルドグリーン）を使用。
- 各ページの図案を組み合わせてアレンジ（ここではビーズ・スパングル、糸の種類と色番号のみを記載）。
   ステッチ名などの指定 >> P.164、165、167
- 図案の見方はP.18参照。

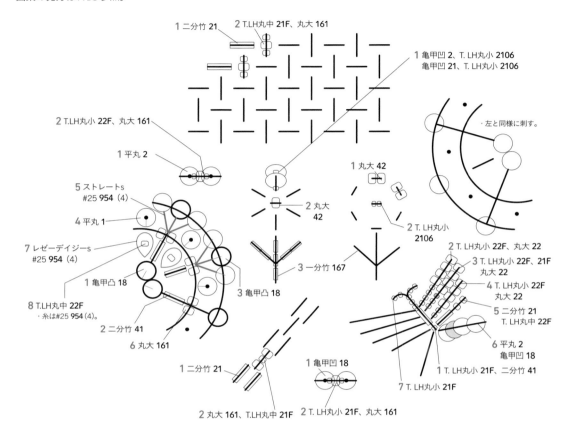

1 二分竹 21
2 T.LH丸中 21F、丸大 161
1 亀甲凹 2、T. LH丸小 2106
　亀甲凹 21、T. LH丸小 2106
2 T.LH丸小 22F、丸大 161
1 平丸 2
5 ストレートs #25 954（4）
4 平丸 1
7 レゼーデイジーs #25 954（4）
1 亀甲凸 18
8 T.LH丸中 22F
　・糸は#25 954（4）。
2 二分竹 41
6 丸大 161
3 亀甲凸 18
2 丸大 42
1 丸大 42
2 T. LH丸小 2106
3 一分竹 167
・左と同様に刺す。
2 T. LH丸小 22F、丸大 22
3 T. LH丸小 22F、21F 丸大 22
4 T. LH丸小 22F 丸大 22
5 二分竹 21 T. LH丸中 22F
6 平丸 2 亀甲凹 18
1 T. LH丸小 21F、二分竹 41
7 T. LH丸小 21F
1 二分竹 21
1 亀甲凹 18
2 丸大 161、T.LH丸中 21F
2 T. LH丸小 21F、丸大 161

布…カラーリネン（X ピスタチオ）／fabric bird

- 糸は25番刺しゅう糸／DMC。
- P.71の「ネズミ」と「キノコ」、P.75の「リス」を組み合わせてアレンジ。
   ステッチ名などの指定 >> P.73、P.77
- 図案の見方はP.18参照。

布…カラーリネン（115 ブルー・ミスト）／fabric bird

- 指定以外はエンブロイダリーリボン／MOKUBA。3.5mm＝No.1540、4mm＝No.1547。太字の数字はリボンの色番号。
- #25＝25番刺しゅう糸／DMC。
- 糸は一部、色を組み合わせて使用。　糸のブレンドの方法 >> P.15
- 図案の見方はP.18参照。

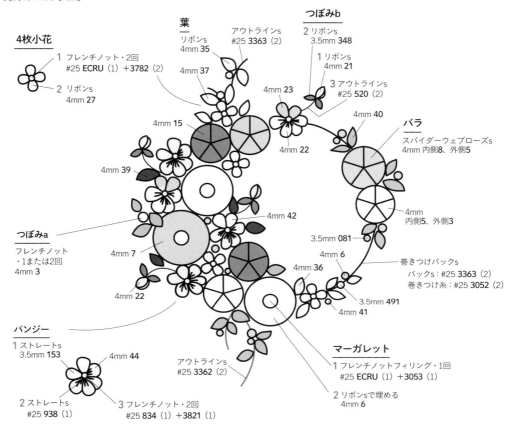

4枚小花
1 フレンチノット・2回
#25 ECRU（1）＋3782（2）
2 リボンs
4mm 27

葉
リボンs
4mm 35
4mm 37

アウトラインs
#25 3363（2）

つぼみb
2 リボンs
3.5mm 348
1 リボンs
4mm 21
3 アウトラインs
#25 520（2）

4mm 23
4mm 40
4mm 15
4mm 22
4mm 39
4mm 42

バラ
スパイダーウェブローズs
4mm 内側8、外側5

4mm
内側5、外側3

3.5mm 081
4mm 6

つぼみa
フレンチノット
・1または2回
4mm 3
4mm 7
4mm 36
3.5mm 491
4mm 41

巻きつけバックs
バックs：#25 3363（2）
巻きつけ糸：#25 3052（2）

4mm 22

パンジー
1 ストレートs
3.5mm 153
4mm 44
2 ストレートs
#25 938（1）
3 フレンチノット・2回
#25 834（1）＋3821（1）

アウトラインs
#25 3362（2）

マーガレット
1 フレンチノットフィリング・1回
#25 ECRU（1）＋3053（1）
2 リボンsで埋める
4mm 6

布…国産仕様リネン100％広幅キャンバス（OW オフホワイト）／たけみや

How to make

フープパネルの仕立て方

フープ＝刺しゅう枠を
フレームにして壁飾りに。
気軽に楽しめる
簡単な方法をご紹介。

刺しゅう枠 12cm／クロバー

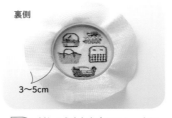

裏側
3〜5cm

1 刺しゅうをした布にフレームにする刺しゅう枠をはめ、周囲3〜5cm残して布をカットする。

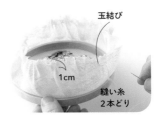

玉結び
1cm
縫い糸
2本どり

2 布端をぐるりと1周、ぐし縫いする。

裏側

3 引き絞り、始めと終わりの糸どうしで固結びをする。

裏側

4 でき上がり。

刺しゅう小物 の 仕立て方

・刺しゅうをする布は、材料に表記しているサイズよりも大きめ に用意を（ほつれ防止、刺しゅう枠をはめるため）。刺しゅうを してから指定のサイズまたは型紙に合わせてカットします。
・布などの材料は、「幅×縦」の順で表記しています。
・イラストまわりの数字の単位はcm。
・イラスト内の「↕」は布の縦地の方向です。

Photo >>P.85 ｜図案 >> P.86

うま  うさぎ

フランス刺しゅう
マスコットブローチ2種

材料 1個分

［うま］
フェルト　あたま（a 杢グレイ b こげ茶）……4×6cmを2枚
　　　　　ステッキ（a キャメル b グレイ）……2×6cmを2枚
　　　　　まる（a こげ茶 b ミントグリーン）……直径0.6cmの円
太さ0.4cmの手芸用モール……5cm（化繊綿を適量でもOK）

［うさぎ］
フェルト（グレイ）……5×10cmを2枚

［共通］
化繊綿……適量
25番刺しゅう糸
長さ2cmのブローチピン……1個

作り方

＊図は「うま」で解説。
＊糸はすべて25番刺しゅう糸を使用。
＊ステッチ名は「・・・s」と省略。

1 P.86、87を参照してフェルト1枚に刺しゅうをし、2枚ずつカットする。

2 1をブランケットsで縫い合わせ、化繊綿と手芸用モールを入れる。

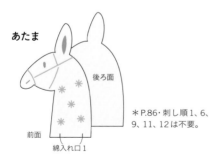

あたま

後ろ面

前面

綿入れ口1

＊P.86・刺し順1、6、9、11、12は不要。

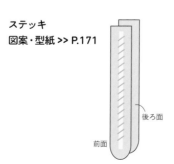

ステッキ
図案・型紙 >> P.171

後ろ面

前面

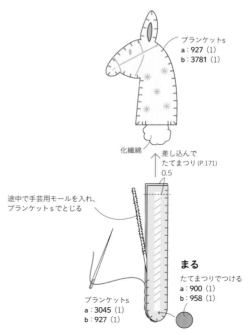

ブランケットs
a：927（1）
b：3781（1）

化繊綿

差し込んで
たてまつり（P.171）
0.5

途中で手芸用モールを入れ、
ブランケットsでとじる

ブランケットs
a：3045（1）
b：927（1）

まる
たてまつりでつける
a：900（1）
b：958（1）

3 たてがみと手綱をつけ、後ろ面にブローチピンを縫いとめる。

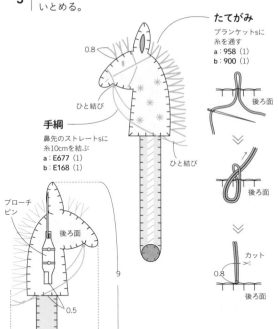

たてがみ
ブランケットsに糸を通す
a：958（1）
b：900（1）

0.8

ひと結び

手綱
鼻先のストレートsに糸10cmを結ぶ
a：E677（1）
b：E168（1）

ひと結び

後ろ面

後ろ面

後ろ面

カット
0.8
後ろ面

ブローチピン

後ろ面

9

0.5

3.5

実物大図案・型紙

ステッキ 2枚

たてまつり

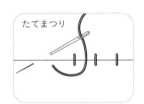

＊刺しゅうでは、P.86・刺し順13は不要。

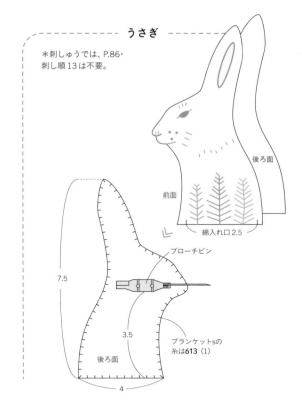

後ろ面

前面

綿入れ口 2.5

7.5

ブローチピン

3.5

ブランケットsの糸は613（1）

後ろ面

4

Photo >>P.44 ｜ 図案 >> P.45

フランス刺しゅう
くるみボタンブローチ

材料 1個分
くるみボタン ブローチセット
（サークル40またはオーバル45／クロバー）……1組
リネン地……サークル 9×9cm オーバル 10×8.5cm

＊写真はサークル40。

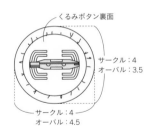

作り方

リネン地に図案を写して刺しゅうをし、キットに記載されている作り方に沿ってブローチに仕立てる。

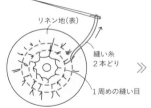

リネン地（表）

縫い糸
2本どり

1周めの縫い目

くるみボタン裏面

サークル：4
オーバル：3.5

サークル：4
オーバル：4.5

Point
1周縫って引き絞ったあと、外側をさらにもう1周縫って引き絞ることで、布がゆるみなく、よりピンッときれいに張れます。

フランス刺しゅう
海とアルファベットの
ピンクッション3種

材料

リネン地　a（青）……10×10cmを2枚
　　　　　b（薄グレイ）……11×9cmを2枚
　　　　　c（白）……9.5×9.5cmを2枚
羊毛フェルト……適量
5番刺しゅう糸

 a b  c

作り方

1 リネン地1枚に図案とでき上がり線を写し、縫い代
線を引き、刺しゅうをしてカットする（前面）。

＊もう1枚のリネン地の裏側にもでき上がり線と縫い代線を引いて
カットする（後ろ面）。

3 羊毛フェルトを詰めて返し口をはしご縫いでとじ、
指定の位置（P.63）に5番刺しゅう糸でフレンチノッ
トを刺す。

＊フレンチノットの刺し始めと刺し終わりは玉結び・玉どめをし、結
び目は糸を引いて布の中に引き込む。

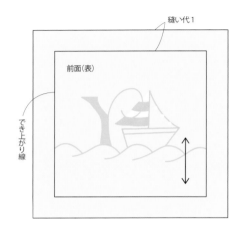

縫い代1
前面（表）
でき上がり線

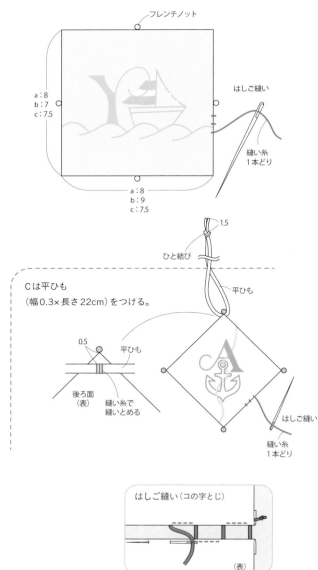

フレンチノット
a：8　b：7　c：7.5
a：8　b：9　c：7.5
はしご縫い
縫い糸1本どり

2 前面と後ろ面を中表に合わせて縫い、縫い代を割っ
て表に返す。

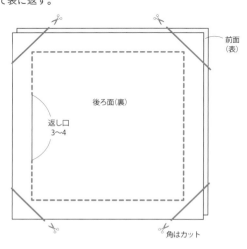

前面（表）
後ろ面（裏）
返し口3〜4
角はカット

Cは平ひも
（幅0.3×長さ22cm）をつける。

1.5
ひと結び
平ひも
0.5
平ひも
後ろ面（表）
縫い糸で縫いとめる
はしご縫い
縫い糸1本どり

はしご縫い（コの字とじ）
（表）

スタンプワーク
フープケース

材料
外布（リネン地／薄ピンク）……21×47cm
内布（綿ポリ地／薄ピンク）……20×46cm
リボン用布（薄手のリネン地／生成り）……11×4cm
片面接着キルト芯（薄手）……21×47cm
直径2.2cmの面ファスナー（アイロン接着タイプ）……1組

作り方

1 外布に図案と部分型紙（P.101）を写して縫い代線を引き、刺しゅうをしてカットする。
＊キルト芯も同様にしてカットし、外布の裏側にアイロンで接着する。

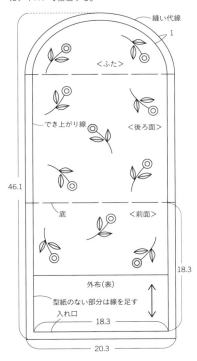

2 外袋を作る。外布を中表に折って両脇を縫い、底側の縫い代の角をカットする。

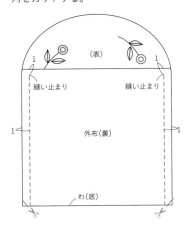

3 内布も1と同じ要領でカットし、返し口を残して2と同様に両脇を縫う。

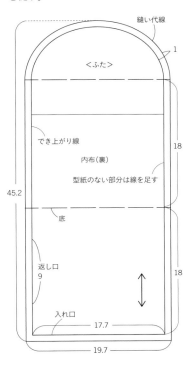

4 外袋を表に返し、内袋の中に中表にして入れ、ふた部分を縫い止まり～縫い止まりまで縫う。

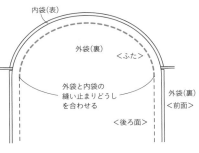

5 入れ口を縫い、入れ口側の縫い代の角をカットする。

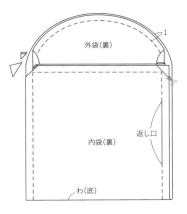

6 表に返して返し口をはしご縫い（P.172）でとじ、面ファスナーをアイロンで接着する。

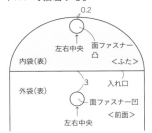

7 リボン用布をふたに縫い糸で縫いとめる。

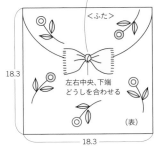

小物の仕立て方

173

クロスステッチ
巾着ショルダーバッグ

材料

外布・前面（リネン28カウント 842／DMC）……プレカット（38.1×45.7cm）1枚
外布・後ろ面（リネン地／ナチュラル）……32×37cm
内布（リネン地／グレイ）……32×37cmを2枚
普通地用接着芯……35×40cm
幅0.9cmの平ひも（黒）……100cmを2本

外布・前面は刺しゅう専用の布、後ろ面は前面の色に近い一般のリネン地を使用。
＊刺しゅう専用の布にのみ、耐久性を上げるために接着芯を貼ります。

作り方

1 外布・前面に刺しゅうをする。
＊図案と布の左右中央を合わせる。

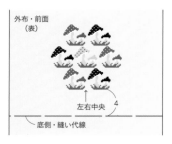

2 1の裏側に接着芯を貼り、カットする。
＊外布・後ろ面、内布2枚も同様にカットする。

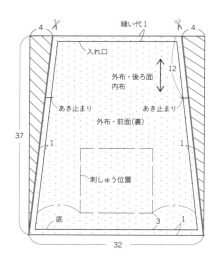

3 外袋を作る。
＊❶〜❹と同様にして、内布で内袋を作る。

❶外布2枚を中表に合わせて底を縫う。

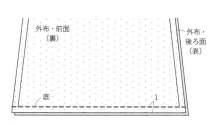

❷縫い代を割り、縫う。

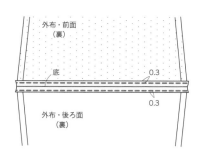

❸中表に二つ折りにして両脇を縫い、縫い代を割る。
❹入れ口側の縫い代を裏側に折る。

4 外袋を表に返し、内袋を外表にして中に入れ、あきのまわりを縫う。

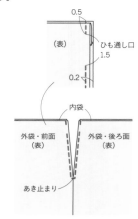

5 ひも通し部分を縫い、平ひもを通す。

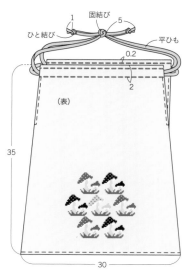

リボン刺しゅう
ハート形の
オーナメント

材料
リネン地（ナチュラル）……S 10×11cmを2枚　L 13×14cmを2枚
幅0.9cmのリボン（S ベージュ　L マスタード）……各30cm
化繊綿……適量

作り方

1 リネン地1枚に図案とでき上がり線を写し、縫い代線を引き、刺しゅうをしてカットする（前面）。

＊もう1枚のリネン地の裏側にもでき上がり線と縫い代線を引いてカットする（後ろ面）。

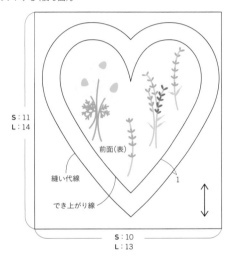

S：11
L：14

前面（表）
縫い代線
でき上がり線
1
S：10
L：13

2 リボンを二つ折りにして前面に仮どめする。

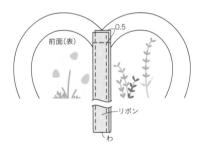

前面（表）
0.5
リボン
わ

3 前面と後ろ面を中表に合わせて半返し縫いで縫い合わせる。

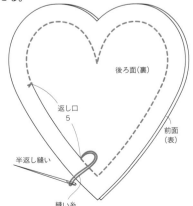

後ろ面（裏）
返し口
5
前面（表）
半返し縫い
縫い糸
2本どり

4 縫い代を0.7cm残してカットし、カーブ部分に切り込みを入れる。

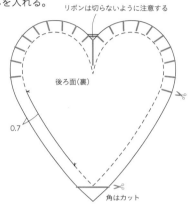

リボンは切らないように注意する
後ろ面（裏）
0.7
角はカット

5 表に返して化繊綿を詰め、返し口をはしご縫い（P.172）でとじる。

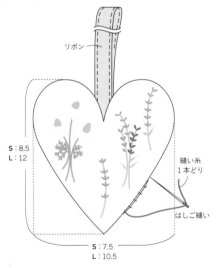

リボン
S：8.5
L：12
縫い糸
1本どり
はしご縫い
S：7.5
L：10.5

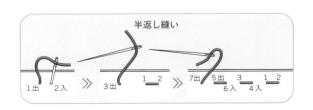

半返し縫い

1出　2入　≫　3出　1　2　≫　7出　5出　3　1　2
　　　　　　　　　　　　　　6入　4入

作品デザイン・制作（50音順）

あべまり
Chapter1 刺しゅうのキホン監修
Chapter2 定番ステッチ監修
Chapter6 ビーズ刺しゅう監修

itonohaco

小幡小織
Chapter4 クロスステッチ監修
P.169 フープパネルの仕立て方指導

こむらたのりこ

suzu
Chapter3 スタンプワーク監修

favoritecloset 古賀智子
Chapter5 リボン刺しゅう監修

矢澤こずえ

STAFF

ブックデザイン …… 中村 妙
撮影 ……………… 落合里美
スタイリング ……… 西森 萌
製図・トレース …… 加山明子
校正 ……………… 中田早苗
編集 ……………… 小野奈央子
編集デスク ……… 川上裕子（成美堂出版編集部）

材料提供・撮影協力

クロバー株式会社
https://clover.co.jp
TEL 06-6978-2277（お客様係）

株式会社たけみや
https://www.takemiya-online.com
TEL 093-621-5858

ディー・エム・シー株式会社
https://www.dmc.com
TEL 03-5296-7831

トーホー株式会社
http://www.toho-beads.co.jp
TEL 082-237-5151（代表）

fabric bird（中商事株式会社）
https://www.rakuten.ne.jp/gold/fabricbird
TEL 087-870-3068

MOKUBA
〒111-8518 東京都台東区蔵前4-16-8
TEL 03-3864-1408

今日からはじめる 刺しゅうのキホン

編 者 成美堂出版編集部
発行者 深見公子
発行所 成美堂出版
　　　　〒162-8445 東京都新宿区新小川町1-7
　　　　電話(03)5206-8151 FAX(03)5206-8159
印 刷 大日本印刷株式会社

©SEIBIDO SHUPPAN 2023　PRINTED IN JAPAN
ISBN978-4-415-33211-6
落丁・乱丁などの不良本はお取り替えします
定価はカバーに表示してあります